Heinrich Theodor Rötscher

Dramaturgische und ästhetische Abhandlungen

Heinrich Theodor Rötscher
Dramaturgische und ästhetische Abhandlungen
ISBN/EAN: 9783743635289

Hergestellt in Europa, USA, Kanada, Australien, Japan

Cover: Foto ©Thomas Meinert / pixelio.de

Weitere Bücher finden Sie auf **www.hansebooks.com**

Dramaturgische und ästhetische Abhandlungen

von

Heinrich Theodor Rötscher.

Gesammelt und herausgegeben

von

Emilie Schröder.

> Müsset in dem Kunstbetrachten
> Immer Eins wie Alles achten,
> Nichts ist drinnen, nichts ist draussen,
> Denn was innen, das ist aussen.
> So ergreifet ohne Säumniss,
> Heilig, öffentlich Geheimniss!
> — Goethe.

Leipzig

Verlag von Otto Wigand.

1864.

Für Dich, theurer Leser, und Dich, noch heißblütiger Kunstjünger, der Du vielleicht zum ersten Male, noch schwankenden Schrittes die heiligen, oft entweihten Hallen der Kunst betreten willst, für Dich sind die hier folgenden Arbeiten unseres hochverehrten Freundes und Lehrers zu einem vollen Kranze gewunden, der nimmer welken wird, so lange künstlerische Begeisterung blüht und dessen Duft, jugendlicher Leser, Deine Phantasie nicht betäuben, wohl aber ihre schaffende Kraft stärken wird, wodurch Du die Einsicht in die Forderungen Deiner mächtigen Kunst gewinnst.

Nimm darum diesen frischen Blüthenkranz, der Dir geweiht ist, in Liebe auf! Drücke ihn an Dein Herz! aber träume nicht von Rosenduft und Nachtigall — gehe an die Arbeit! erfülle Dich von dem Geiste, der dem Begründer Deiner edlen Kunst hier entströmt ist! er hat für uns in nie rastender Liebe den Grund und Boden geschaffen, auf dem wir Säulen erbauen können, die bis in den Himmel ragen! bethätige ihm

Deinen Dank, indem Du an Deiner Fortbildung arbeitest, und wenn Du trunken von solchem Geiste bist, dann reiche mir Deine Hand! ich will Dich begleiten in alle Tiefen, zu welchen sich Dein forschender Geist hindrängt! Dir gehöre ich an, Du denkendes Wesen! wir wollen streben mitsammen, denn nur

Streben heißt leben!

Berlin, am 8. Juli 1864.

Emilie Schröder.

Inhalt.

	Seite
Manfred. Eine Tragödie v. Lord Byron in besonderer Beziehung zu Goethe's Faust.	1
Zum Verständniß des Goethe'schen Faust (1. Theil)	36
Demetrius v. Schiller.	51
Der Begriff des Dämonischen in besonderer Beziehung auf die dramatische Poesie.	72
Der Zufall und die Nothwendigkeit im Drama.	87
Warum gehört Shakespeare's Kaufmann von Venedig nothwendig in die Kategorie des Lustspiels.	106
Andeutungen über den hohen künstlerischen Werth des Lustspiels Donna Diana v. Moreto.	114
Das Wesen und die Bedeutung der Exposition im Drama.	120
Was versteht man unter einem Tendenz-Drama.	124
Was hat man unter dem sogenannten Volksschauspiel zu verstehen.	127
Die politische Phrase in der dramatischen Poesie.	131
Andeutungen über die Grenze der öffentlichen Besprechung von Bühnenverhältnissen.	133
Ein sehr feiner Zug in der Zeichnung des Antonio im Kaufmann von Venedig.	139
Der freiwillige und der unfreiwillige Narr. Mit Beziehung auf Shakespeare.	144

	Seite
Die hohe Bedeutung eines Shakespeare-Repertoirs....	147
Die große und allgemeine Bedeutung des Talbot in der Jungfrau von Orleans v. Schiller........	149
Ein großes politisches Wort Schiller's......	151
Das Virtuosenthum in der Schauspielkunst.....	153
Das Alterniren in Rollen im Schauspiel......	160
Die Aufgabe und die Bedeutung des Regisseurs im Schauspiel.	167
Was heißt in der dramatischen Darstellung auf den Effekt spielen.............	171
Der Conversationston, seine Bedeutung und seine Grenzen.	174
Was versteht man unter Manier in der Schauspielkunst. .	179
Die Phrasen von Idealismus und Realismus in der Schauspielkunst............	186
Soll der Künstler, Componist oder Dichter den Geschmack des Publikums als das höchste Gesetz anerkennen oder nicht	190

Dramaturgische und ästhetische
Abhandlungen.

Manfred.

Eine Tragödie von Lord Byron in besonderer Beziehung zu Goethe's Faust.

Der Versuch, noch einmal in die Tiefe des geheimnißvollen Manfred herabzusteigen, um sein innerstes Wesen aufzuschließen, wird bei dem weitergereiften Denken und der tieferen Einsicht in die bewegenden Mächte der gegenwärtigen Welt völlig gerechtfertigt erscheinen, da weder das, was der Verfasser dieser Arbeit früher in einer Vorrede zur Uebersetzung des Manfred darüber ausgesprochen hat, noch was Andere seitdem, mehr andeutend als ausführend, gesagt haben, jetzt noch befriedigt. Das ganze Drama mußte von Grund aus einer neuen Kritik unterworfen und dasselbe bis zur letzten Wurzel seiner Gestaltung verfolgt werden. Vielleicht bringt gegenwärtige Arbeit das Verständniß um ein Bedeutendes näher und gewährt zugleich einen Beitrag zur Erkenntniß des großen britischen Dichters überhaupt.

Von dem Erscheinen unseres Werkes an brachte man dasselbe in eine nähere Beziehung zum Faust und versuchte sich darin, einen Zusammenhang beider Werke aufzufinden. Goethe, der sich Byron mit einer besonderen Vorliebe zuge=

wandt hat und das „in natürlicher Wahrheit und Großheit" strahlende Genie des Dichters so sehr bewunderte, sprach sich, bald nach dem Erscheinen des Manfred, dahin aus, daß er dies ihn nah berührende Drama als aus seinem Faust erwachsen bezeichnete, nur daß der Dichter hypochondrisch daraus die seltsamste Nahrung gesogen und die seinem Zweck zusagenden Motive auf seine Weise benutzt habe[1]. Lord Byron dagegen sträubt sich entschieden gegen diese von Goethe in Anspruch genommene Vaterschaft, indem er seiner Seits seine ganz oberflächliche Bekanntschaft des Goethe'schen Faust dagegen geltend macht[2]. Gleichwohl ist die innere Verwandtschaft beider Werke nicht abzuläugnen; sie ist um so tiefer, je weniger der äußere Zusammenhang und der directe Einfluß des älteren Werkes auf den Manfred unsres Dichters nachweisbar ist. Diese innere Verwandtschaft ist in dem gemeinsamen Gedanken, in der gemeinsamen Weltanschauung Beider begründet. Dies hat beiden Tragödien die dauernde Theilnahme erworben, und bildet ihr geheimnißvolles Band. Beide sind Früchte des modernen Geistes, welcher danach ringt, den tiefsten Kern seines Bewußtseins zu enthüllen. Diese gemeinsame Wurzel beider Dichtungen ist der absolute Trieb des Geistes, sich seine Versöhnung mit sich zu erkämpfen und zu seiner Freiheit durchzudringen. Es ist daher kaum irgend einem Werke mehr der Stempel des modernen Geistes aufgedrückt, als den genannten, weil beide die absolute Aufgabe, das tiefste Problem unserer Welt zu ihrer Seele haben. Was die deutsche Wissenschaft zu ihren größten Schöpfungen getrieben, was die Stellung des Gedankens zur Religion zu einer so durchdringenden Lebensfrage gemacht hat, ist auch die Substanz dieser Werke. Ihre Existenz ist nicht minder nothwendig, als es die Arbeiten der Philosophie sind, welche die Erkenntniß des Geistes zu ihrer Aufgabe gemacht haben. Der tiefste Grund dieser Dramen ist daher, bei aller Verschiedenheit im Besonderen, derselbe, das

Ringen nach der Selbstständigkeit des Geistes, das Streben sich von jeder äußeren, aufgedrungenen Autorität zu befreien, den Zwiespalt des Geistes aus ihm selbst durch seine eigene Kraft zu bewältigen und die im Kampfe mit sich selbst geschlagenen Wunden mit dem eigenen Blute zu heilen. Darum haben beide Werke einen so dämonischen Charakter, weil sie uns in den Abgrund des Selbstbewußtseins zurückführen und aus der finsteren Zerstörung des Innern, aus dem Bruch des Geistes mit sich selbst mit ungeheurer Gewalt den Frieden und die Einheit des Geistes wiederzugewinnen ringen.

Aber bei dieser Gemeinsamkeit des Bodens beider Dichtungen, welch' ein Unterschied in der Auffassung und Behandlung derselben absoluten Lebensfrage! Auf der Seite des Faust ist der unbestreitbare Reichthum einer Welt in dramatischer Entfaltung und bei aller allgemeinen Bedeutung und dem metaphysischen Gehalt zugleich die Tiefe der Individualisirung der ewigen Gedanken. Der Manfred Byron's bewegt sich dagegen auf der äußersten Spitze des inneren Gegensatzes des schuldbeladenen Bewußtseins und erscheint wesentlich als die auf verschiedenen Stufen, in immer neuen Versuchen ringende Arbeit, die Selbsterlösung eines edlen, einer ungeheueren Schuld sich bewußten Geistes darzustellen. Aber daß sich der Dichter auf dem abstrakten Boden, auf welchem er sich befindet, bei der Abwesenheit aller eigentlichen Handlung und Verwicklung, bei der Zurückgezogenheit des ganzen Dramas auf die Stätte des inneren Gegensatzes noch mit einer solchen sinnlichen Anschaulichkeit zu bewegen vermocht hat, ist vielleicht das glänzendste Zeugniß seiner unverwüstlichen dichterischen Kraft und seiner schöpferischen Gestaltungsfähigkeit, welche auch den sprödesten Stoff noch poetisch zu überwältigen und der Concentration des Schuldbewußtseins und seiner unablässigen Vertiefung in sich den Ausdruck einer so individuellen Stimmung und den Reiz einer solchen Mannigfaltigkeit abzugewinnen vermocht hat.

Manfred hebt im gewissen Sinne da an, wo Faust am Schlusse des ersten Theils der Tragödie endet. Der Faust des Dichters beginnt mit der Verzweiflung an der Erkenntniß, aus welcher er sich vergeblich durch die Magie zu befreien trachtet. Die theoretische Verzweiflung führt Faust zum Kampfe mit dem Leben. Seine nicht befriedigte Erkenntniß treibt ihn den Vertrag mit Mephistopheles einzugehen und sich in die Tiefen der Sinnlichkeit zu stürzen, um hier den unseligen Zwiespalt seiner vergeblich nach Wahrheit ringenden Seele zu übertäuben. Aber selbst im Taumel des Genusses überdrängt ihn die Gewißheit, daß auch hier sich die alte Qual immer erneuern werde. Wenn auch Faust im Augenblicke durch die Liebe zu Gretchen sich über den Schlamm der Sinnenlust erhoben und gereinigt fühlt, so reißt er sie doch durch die Gewalt der Sinne mit sich herab in Schuld und Verbrechen. Während das holde Geschöpf, in den ganzen Umfang der innern Qualen und Zerknirschung eingehend, endlich durch ihre brünstige Hingebung an das Gericht Gottes, wie durch die freie Unterwerfung unter die weltliche Strafe, Ruhe und Versöhnung erlangt, so empfängt Faust aus dem Anblick des erlösten Geistes der Geliebten das volle Bewußtsein seiner Schuld, indem er sich selbst als denjenigen bezeichnet, dem besser wäre, nicht geboren zu sein. Mit dieser ganzen Schwere belastet, die Hölle der Schuld in seinem Busen tragend, schwindet er mit dem Bösen von dem heiligen Orte, indem er uns nur das Gefühl seiner inneren Zerstörung zurückläßt, in welchem allein die Möglichkeit einer Wiedergeburt und einer Versöhnung gegeben ist.

Auf diese Stufe ist der Held unserer Tragödie von Hause aus gestellt. Er ist nicht wie Faust vom Wissensdurst gepeinigt, den er mit immer erneuerter Verzweiflung am Wissen nicht zu stillen vermag, er läßt sich nicht handelnd

und genießend mit der Welt ein, er ist vielmehr von seinem
Erscheinen an, von einer ungeheuren Schuld gedrückt, welche
ihn ruhelos jagt und hat nur die unaustilgbare Gewißheit
einer unseligen, aus der Verletzung heiliger Gesetze sich
immer erneuernden Qual, gegen welche ihm alle Schrecken
der Natur, alle Pein, welche das Geschick über ihn verhängen
kann, nichtig und armselig erscheinen [3]. Indem der Dichter uns seinen Helden auf diese Spitze des qualvollen Bewußtseins gestellt hat, so wird der Fortgang der Tragödie
wesentlich darin bestehen, daß Manfred die ganze Fülle
dieses Bewußtseins erschöpft, welches sich in immer neuen
Formen wieder hervordrängt, und alle Mächte, welche gegen
dasselbe in die Schranken treten, um es zu bewältigen, zum
Bekenntniß ihrer Ohnmacht zwingt.

Manfred, ein reicher Graf, lebt, mit der geheimen
Wissenschaft vertraut, auf seiner Burg. Er kennt die Künste
der alten Weisen, und hat sich in ihre geheimnißvolle Tiefe
versenkt. In ihm hat uns der Dichter einen im Grübeln
und Sinnen, wie in der Beschäftigung mit geheimer Wissenschaft aufgewachsenen Mann geschildert, welcher sich zum
Herrn von Geistern gemacht hat, die er zum Gehorsam
zwingt. Aber diese Gewalt, wie seine ganze Thätigkeit
fesselt ihn nicht, weil er von einer Flamme verzehrt
wird, welche weder diese Wissenschaft, noch irgend eine
Kunst zu löschen vermag. Manfred, wenn auch nicht im
Wissen befriedigt und in immerwährendem Ringen nach
der Herrschaft über die Natur beschäftigt, empfindet doch
durchaus nicht die Faust'sche Qual eines sich endlos in den
Wissenschaften abarbeitenden Denkens ohne Erfüllung. Die
theoretische Verzweiflung Faust's, welche erst aus demjenigen
Denken, welches sich durch seine Kraft in den Besitz der
vollen Wahrheit setzen will, herausschlagen kann und ein
nothwendiger Durchgangspunkt der Entwicklung des modernen Geistes ist, kann in Manfred, in dem vielmehr ein
Magier des Mittelalters, als ein nach absoluter Erkenntniß

ringender Geist unserer Welt geschildert wird, gar nicht Platz gewinnen. Manfred's theoretische Nichtbefriedigung ist daher nicht, wie bei Faust, die Quelle seiner Schuld, sie ist vielmehr nur der düstere Hintergrund, auf welchem die verzehrende Flamme des Schuldbewußtseins sich abhebt, und welcher diesem Gemälde gleichsam erst die richtige Stimmung verleiht. Bei Faust ist die theoretische Verzweiflung dagegen die Quelle seiner späteren praktischen Verschuldung, indem er, um der ersteren zu entfliehen, sich in das wilde Leben hineinstürzt und sittliche Mächte verletzt. In Manfred lebt dagegen von Hause aus die Qual einer sündvollen That, welche er durch Nichts sühnen zu können glaubt; daß mit einem so unseligen Zustande eine Befriedigung in dem Reiche der Erkenntniß unvereinbar ist, leuchtet ein. Dem Manfred ist daher von dem Dichter gerade so viel düstere Verstimmung und Leiden, in Bezug auf Erkenntniß, gegeben, als zur Schilderung des Zustandes seines qualerfüllten Innern gehört. In dem Gesagten liegt auch zugleich der Grund, warum sich der Faust des Dichters zu einem solchen Reichthum von Zuständen und Situationen ausbreiten kann, weil er das ganze Gebiet des Geistes nach seinen beiden Richtungen, der theoretischen und praktischen, durchläuft, womit sich nothwendig eine reiche Welt lebendiger Gestalten verknüpfen muß.

Fassen wir nun die Schuld Manfred's näher in's Auge, deren Bewußtsein Ausgang und Fortleitung unserer Tragödie bildet. Manfred hatte eine Schwester, Astarte, ein eben so schönes, als liebevolles Wesen, welches ihn ganz verstand, und ihn bis in die zartesten Nerven seines geistigen Lebens wohlthuend berührte. Sie war das einzige Wesen, welches er mit seiner liebeglühenden Seele ganz umfaßte, weil er sich von ihr völlig erkannt und in seinem innersten Leben ergriffen fühlte[4]. Sie zerstörte seine maßlose Natur, indem er das Gesetz, welches die Geschwister auf die reine Hingebung des Gemüths und den freien Austausch der Seelen verwies, mit frecher Gewalt verletzte und sie zu sinnlicher Vereinigung fortriß. Astarte starb grauenerfüllt über diese Verhöhnung eines heiligen Gesetzes. Offenbar gab sie sich selbst den Tod, indem sie den Tag nicht mehr schauen konnte, der solchen Frevel beleuchtet hatte. So **starb sie**, mittelbar durch Manfred, der sich daher mit Recht als den Zerstörer des geliebten Wesens bezeichnet [3]. Der Dichter hat mit großem Takt diese ganze That, sowie das Ende der Astarte mehr angedeutet als mit directen Worten ausgeführt und durch die geheimnißvolle Fassung das Grauen unserer Phantasie gesteigert. Dieser Frevel Manfred's liegt nun hinter unsrer Tragödie, während uns der Dichter des Faust das Werden der sittlichen Verletzung zeigt und dadurch zugleich so dramatisch wirkt. Manfred erscheint dagegen als ein mit der Schuld dieser Verletzung Belasteter, welche in den Abgrund der **Vergessenheit** zu werfen, die einzige, alle seine Kräfte aufbietende Arbeit seines Geistes bildet, eine Anstrengung, welche, wie die Arbeit des Sisyphus, stets nur die Erschöpfung eines vergeblichen Abmühens zurückläßt. Aber des Sisyphus erfolgloses Ringen stellt dagegen, weil es die Arbeit des Geistes ist, sich selbst von seiner Schuld zu befreien, in jeder neuen Anstrengung eine neue Gestalt des Kampfes dar, welche, gegen die vorige gehalten, als eine Vertiefung des Geistes in seinen eigenen Grund, als ein Zurückgehen desselben bis zu seiner Wurzel erscheint. Darin aber liegt die außerordentlich poetische Gewalt unserer Tragödie, daß der Dichter jede dieser Stufen zugleich zu einem solchen Reichthum sinnlicher Anschaulichkeit zu verarbeiten vermocht hat.

Es liegt in dem Gesagten bereits der Grund eingeschlossen, warum sich in unserer Tragödie keine objective Welt mit ihren Conflicten und Lösungen vor uns entfalten kann, denn aller dieser Reichthum liegt hinter der Tragödie und ist gleichsam von der dem Subject allein gewissen Qual seiner Schuld verzehrt worden. Diese Energie des Schuld=

bewußtseins, mit welchem Manfred auf die sittliche Ver=
letzung zurückschaut, mit der er sich in seinen Frevel vertieft,
ist die Substanz seines ganzen Wesens. Unsere Tragödie
hat daher nur die Innerlichkeit des Gemüths zu ihrem Ge=
genstande, welches, mit dem Bewußtsein einer ungeheueren,
wissentlich begangenen Verletzung des sittlichen Geistes be=
lastet, von dieser Schuld sich zu befreien strebt. Die Auf=
gabe unseres Werkes ist daher die dichterische Darstellung
dieses Weges der Befreiung Manfred's von der Pein und
Qual seines Bewußtseins, der Prozeß des, ganz und aus=
schließlich von der Gewißheit seiner Schuld erfüllten, in
diesem Zwiespalt mit sich ausdauernden Geistes, der sich
endlich durch den Ernst einer Alles überwältigenden Energie
der Reue aufreibt und sühnt. Im Verlauf unserer Tra=
gödie kommt also kein geringerer Inhalt auf dichterischem Wege
zur Erscheinung, als die sich schrittweise vollziehende Be=
freiung des Geistes von seiner in ihrem ganzen Umfange
empfundenen Schuld, der Sieg des freien, jede äußere
Sühne, jede durch irgend eine Autorität sich ihm ankündi=
gende Vergebung mit Stolz von sich weisenden Geistes, der
sich nicht etwa durch einen Selbstmord, sondern durch die
ungeheure Arbeit der Reue sühnt. Die ganze Bewegung
unserer Tragödie ist mithin die Selbstbefreiung des seiner
Autonomie sich bewußten Geistes, welcher sich zum Herrn
seiner aus der Schuld stammenden Zerrissenheit macht und
sich als das allein siegreiche, seinen Gegensatz bewältigende
unendliche und in sich allgemeine Selbstbewußtsein darstellt.
Dieser Inhalt ist, wie einleuchtet, so sehr das Product der
modernen Weltanschauung, daß Byron in seinem Manfred
im Grunde als das dichterische Genie in der Form der
Poesie das Wesen des selbstbewußten Geistes vor der Er=
kenntniß desselben durch die Wissenschaft anticipirt hat.

Unser Manfred bietet nach dieser Seite hin einen in=
teressanten und den Unterschied des antiken und des moder=
nen Bewußtseins scharf hervorhebenden Gesichtspunkt

dar. Auf dem Helden der antiken Sage und Tragödie, Oedipus, lastet, wie auf Manfred, eine Blutschuld, welche jener unwissend, dieser wissend begangen hat. Oedipus nimmt, dem Bewußtsein des antiken Heroen gemäß, den ganzen Umfang der Schuld gerade so auf sich, als ob er wissend diese sittliche Verletzung begangen hätte; in ihm ist der Unterschied der That und des Bewußtseins ihrer Bedeutung noch ungeschieden. Für Oedipus ist mit der Gewißheit seiner That daher zugleich das Bewußtsein seiner Schuld gegeben; der antike Held kennt diesen Gegensatz des Geistes noch nicht, der nur das in der That als das Seinige anerkennt, was er mit Wissen und Wollen vollbracht hat, oder doch als ein Wissender hätte vollbringen sollen. In ihm ist noch die ungeschiedene Gediegenheit des substanziellen, noch nicht in den Unterschied von Faktum und Reflexion getretenen, noch nicht zur Selbstunterscheidung fortgegangenen Geistes. Oedipus betrachtet sich in der unwissend vollbrachten That als Frevler, der die Strafe der Verbannung und Verstümmelung an sich selbst vollzieht, um sich von der Schuld zu sühnen. Dies freiwillige Eingehen in ein, seine Verletzung überragendes Maaß von Leiden, heiligt aber gewissermaßen Oedipus. Der also Gesühnte wird ein Gegenstand der Obhut der Götter, welche ihn zuletzt sanft der Erde entrücken. Manfred, das Geschöpf der modernen Welt, vollbringt eine ähnliche Verletzung als Oedipus, aber er begeht sie mit dem vollen Bewußtsein des Frevels, als einen Akt dämonischer, jedes inneren Widerstandes spottender Leidenschaft. Aber er zeigt sich auch darin als der Mensch des modernen Weltbewußtseins, daß er sich in den Abgrund seiner Schuld versenkt, daß er die ganze Hölle eines Zwiespalts durchlebt, in welche sich der von sich abgefallene sittliche Geist gestürzt hatte und sich durch die Energie einer Alles überwältigenden Reue ebensowohl verzehrt, als sühnt. Der Held der antiken Welt wüthet gegen sich, weil er in der Blutschuld, welche er unwissend begangen hatte, sich als den Verletzer heiliger Gesetze erfährt, und offenbart durch sein Grauen und seine Selbstverletzung gewissermaßen für Alle die Heiligkeit der sittlichen Gesetze. Manfred, der Held der modernen Welt, ladet wissentlich eine Blutschuld auf sich, wodurch er das von Entsetzen darüber erfüllte, geliebte Wesen zerstört. Den ersteren verklären die Götter, indem sie das Mißverhältniß der That und des Leidens ausgleichen, der letztere bereitet sich selbst Vergeltung für seinen Frevel, indem er die ganze verzehrende Flamme des sittlichen Geistes unabläßig in sich selbst anfacht und sich zugleich durch die immer reiner hervortretende Gegenwart des sittlichen Geistes von der Qual befreit; indem er also durch den in ihm lebendig gewordenen wirkenden Geist sich selbst erlöst von der Fessel des unsittlichen Geistes. Wenn schon Oedipus in seiner durch die Götter vollbrachten Verklärung prophetisch auf die höhere Stufe hinweist, in welcher die Subjectivität in ihrer unendlichen, allen Zwiespalt aus sich selbst lösenden Kraft auf den Thron erhoben wird, so ist Manfred der Held, welcher dieses Princip in seiner ungeheuren Tiefe an sich selber darstellt, und uns den seiner Unsterblichkeit gewissen, Himmel und Hölle allein in sich selbst tragenden Menschen zeigt.

Es gewährt ein hohes Interesse und ist zum vollständigen Verständniß unseres Kunstwerkes unerläßlich, die einzelnen Phasen des zerrissenen, von Schuld erfüllten und sich durch seine Energie selbst endlich versöhnenden Bewußtseins aufzufassen und so dem Wege nachzugehen, durch welchen der Dichter Manfred's mit eben so großer Tiefe als Schönheit die Erarbeitung des inneren Friedens und die Entsündigung seines Helden vollbringen läßt.

Bei Ueberschauung dieses Ganzen drängt sich uns sogleich eine Bemerkung auf, daß nämlich unsere Tragödie zwar die Form eines Dramas hat, d. h. durch dramatische Bewegung fortschreitet, aber daß sie zugleich auch aller dramatischen Realität, alles eigentlich dramatischen Fortschrittes handelnder Personen entbehrt. Die Bewegung geht einzig und allein im Bewußtsein des sittlichen Geistes vor sich, indem alle Handlung, alle Verwicklung aufgehoben und in den reinen Kampf des sittlichen Geistes mit sich selber verlegt worden ist. Byron hat sich über das Undramatische des Gedichts durchaus nicht getäuscht und die Unmöglichkeit ausgesprochen es jemals auf die Bühne zu bringen; er selbst bezeichnet seinen Manfred als eine Dichtung in dialogischer Form[6]. Wenn der Goethe'sche Faust, im ersten Theile durch und durch dramatisch, gewissermaßen den Rahmen der Bühne sprengt, weil seine Composition ihm nicht gestattet, in die sinnliche Illusion völlig einzugehen, so ist der Manfred darum undarstellbar, weil er zu unfaßbar, zu körperlos ist, zu wenig reale Bewegung hat und dem ganzen auf Leiden, Schmerz und Sühne allein sich beschränkenden Inhalt nur den Schein dramatischer Entfaltung verleihen kann. Das Werk, auf die Bühne gebracht, würde daher gleichsam durch die Schwere ihrer Realität zu Boden gedrückt werden und den Zuschauer in die peinliche Stimmung eines Widerspruches zwischen einer dramatischen in die Aeußerlichkeit übergehenden Bewegung und einer dieselbe aufhebenden und sie zu einem Schein verflüchtigenden rein inneren Bewegung versetzen.

Manfred's Monolog, in einer einsamen Nacht, in einem gothischen Saale seines Schlosses gesprochen, eröffnet die Tragödie. In ihm vernehmen wir sogleich das Bekenntniß ungeheurer Schuld und innerer Qual. Die Wahrheit und der Ernst eines tiefen Schmerzes dringt uns aus ihm entgegen und offenbart uns einen Seelenzustand, in welchem ihn der Schlummer flieht, das Herz stets wach ist und die Augen nur sich schließen, um die innere öde Stätte zu beschauen. In dieser Qual ist Manfred aber auch vor allen Schrecken einer Zukunft sicher und alle Furcht ist ihm ein Spielwerk gegen die Gegenwart; ja er **fühlt den Fluch, keine Furcht zu kennen und keine Hoffnung**[7].

In der Furcht, wie in der Hoffnung bezieht sich das Bewußtsein auf eine Zukunft; in der Furcht ist das Uebel, in der Hoffnung das Gut noch nicht gewiß. In beiden Affecten ist also der Mensch von dem Inhalt der Gegenwart nicht mehr ausschließlich erfüllt. Die völlige Trostlosigkeit, wie das selige Entzücken schließen Beide gleich sehr, die Hoffnung, wie die Furcht aus, weil sie schlechthin die absolute Gewalt der Gegenwart ausdrücken; die erstere, indem sie allein den Druck der Zeit empfindet, das letztere, indem für dieses alle Zeit aufgehoben ist.

Auf diesem Stadium eines aus dem tiefsten Schuld=
bewußtsein stammenden Schmerzes befindet sich Manfred in seinem ersten Monolog. Nur mit der Qual seiner Schuld erfüllt, begehrt er nichts als **Selbstvergessen=
heit**. In diesem unseligen Zustande sieht er sich nach des unbegrenzten Weltalls Urgeistern um, wähnend, von ihnen eine Linderung empfangen zu können, nach der er sich ver=
geblich sehnt. Er beschwört diese Geister bei seiner Denk=
kraft, der Alles unterthan ist [8]. Auf diesen Ruf des Gei=
stes erscheinen die Mächte der Natur, die Elementargeister der Erde, des Meeres, der Luft, der Nacht, des Windes und endlich seines Sternes, jeder sich in seinem eigenthümlichen Elemente ankündigend. Sie sind zu seinem Dienste bereit und fordern seinen Wink. Aber was er erheischt, können sie nicht geben und was sie geben können, ist ihm werthlos [9]. Er fordert das Selbstvergessen dessen, was ihn im tiefsten Innern bewegt. Aber dies Verlangen kann keine Natur=
macht stillen, denn es ist das absolute Vorrecht des Geistes, durch seine eigene Kraft den Abgrund seines Zwiespalts zu schließen. Manfred ist aber erst am Anfang seines Selbst=
erlösungswerkes. Er erkennt daher hier noch nicht die Natur des Geistes in seiner, die Wunden heilenden Kraft. Darum sucht er die Befreiung von der Qual noch außer=
halb und nicht in sich selbst. Deswegen erscheint ihm am Schluß sein **eigener Stern**, der Manfred's innere

Verwirrung, den bahnlosen Gang seiner Leidenschaft als
sein Schicksal ausspricht. Weil Manfred noch nicht die
ganze Tiefe des Abgrundes seiner Schuld herabgestiegen ist,
darum schaut er seine Schuld noch nicht in ihrer eigentlichen
Gestalt, sondern in der Gestalt einer unentfliehbaren Noth=
wendigkeit an. Die Geister bekennen Manfred, seinem
Verlangen gegenüber ihre Ohnmacht. Endlich erscheint
der mächtigste dieser Geister in Gestalt eines schönen Wei=
bes, vor welcher Manfred, durch die Erscheinung in trun=
kenes Entzücken versetzt, nach ihrem Verschwinden, entsetzt
zusammenbricht. In dem folgenden Liede ertönen die
herzzerreißenden Flüche, welche Manfred einer ruhelosen
Qual weihen. Welchen Sinn hat nun im Organismus
unserer Tragödie diese Erscheinung und ihre unmittelbare
Folge? Ist diese Gestalt, in welche sich der mächtigste der
sieben Geister, also Manfred's Stern, verwandelt, A st a r t e,
das heißgeliebte und doch so tief verletzte Wesen? Und
wenn dies der Fall ist, wie wir aus Manfred's Entzücken
schließen müssen, worin liegt der Grund, sie jetzt schon er=
scheinen zu lassen? Müßte sie nicht erst zuletzt erscheinen?
Schwächt der Dichter nicht den Eindruck, indem er sie uns
hier schon heraufbeschwört und später einmal wiederkehren
läßt? Ich glaube, daß sich des Dichters Genius nie be=
sonnener und poetischer gezeigt hat, als in dieser Compo=
sition, deren Sinn wir zur vollen Evidenz zu bringen hoffen.
Allerdings ist die hier erscheinende Gestalt A st a r t e, aber
der Dichter bezeichnet sie hier nur als die Gestalt e i n e s
s ch ö n e n W e i b e s. Manfred's Stern, d. h. seine ruhe=
lose, die Schranken wild durchbrechende Leidenschaft ver=
wandelt sich hier in den Gegenstand seiner frevelhaften
Leidenschaft und tritt so in eine nähere Beziehung zu Man=
fred's Wesen. Das, was uns von dem Sterne zuerst als
das Geschick Manfred's bezeichnet wurde, erhält jetzt durch
diese Erscheinung den Charakter seiner eigenen, ihm gegen=
ständlich werdenden Leidenschaft.

Aber Manfred ist noch nicht innerlich gereinigt, die Flamme seiner Pein hat noch nicht die Schlacken seiner unsittlichen Begierde völlig verzehrt; daher begehrte er noch von den Naturmächten eine Hülfe. Seine That war also noch nicht durch und durch als seine eigene Schuld empfunden, mithin der Geist auch noch nicht in seiner, den Zwiespalt bewältigenden Kraft von ihm anerkannt worden. Deswegen nimmt auch Astarte hier noch nicht die individuellen Züge der Schwester an, mit welchen sie später dem innerlich gereinigten Manfred erscheint. Sie hat hier nur die Gestalt des schönen Weibes, d. h. die Gestalt, in der sie die Begierden Manfred's entzündet hatte. Astarte kann in unserer ersten Scene mithin nur zerstörend auf Manfred wirken, nicht wie später befreiend und versöhnend, weil sie hier noch als Object seiner Leidenschaft auftritt und den zwischen Begierde und Entsagung, zwischen Reue und Empörung noch schwankenden Zustand Manfred's abspiegelt. Es liegt in dem Gesagten auch der Aufschluß, warum Astarte hier noch nicht die individuellen Züge der Schwester annehmen kann, sondern nur in der allgemeinen Qualität als schönes Weib erscheint. Denn Manfred sieht, wie der folgende Ausdruck seines trunkenen Entzückens beweist, auch jetzt noch das sinnlich schöne Geschöpf, welches ihn einst mit sündiger Leidenschaft erfüllt hat [10]. In seiner Begeisterung für die Gestalt des schönen Weibes ist mithin Manfred's noch nicht von dem Gefühl der Schuld völlig durchdrungene Leidenschaft zu Astarte dichterisch ausgesprochen. Deshalb verschwindet aber dieselbe auch gleich beim ersten Ausbruch der Empfindung Manfred's und stürzt denselben, indem ihn in diesem Momente sogleich wieder das volle Bewußtsein seines Frevels ergreift, in die Tiefe seines Schuldbewußtseins zurück, welches uns in dem folgenden Gesange so erschütternd entgegentönt. Durch unsere Auffassung sind nicht nur alle Schwierigkeiten gehoben, sondern es ist auch der organische Fortschritt in der Ent=

wicklung Manfred's damit begriffen. Der noch nach Außen gewandte, Vergessenheit durch die Macht der Natur erstrebende, zwischen Zerknirschung und Begierde umhergeworfene Manfred ist nach dem letzten Auflodern sündlicher Leidenschaft in sich gegangen und dem Bewußtsein ungeheurer Schuld erlegen, welchem fortan jede andere Empfindung weicht.

Die in ihrer ganzen übermannenden Stärke durchempfundene Schuld erscheint in Manfred wie ein Erwachen aus den Schrecken eines gequälten Schlafes. Dies kündigt sich zunächst durch die völlig veränderte Situation an. Manfred eilt hinaus auf die Klippen, in die Schrecken und Herrlichkeit der Natur, die ihn aber weder schrecken noch beseligen, weil sein in sich gebrochenes Gemüth ihnen verschlossen ist. Manfred, nur von der Last der Schuld zu Boden gedrückt, ohne in dieser Empfindung schon die Quelle der erlösenden Kraft zu ahnen, will durch einen raschen Sprung seinem Leben ein Ende machen und sich so seiner inneren Zerrüttung und Seelenqual entreißen. Manfred drängt in diese Ergüsse die ganze Zerrissenheit seiner Seele hinein. Wie Faust der theoretischen Verzweiflung durch Selbstmord entfliehen will, so sucht Manfred den Tod, weil ihn die verzehrende Pein des Schuldbewußtseins ausschließlich beherrscht. Faust sinkt in die Verzweiflung, mit welcher wir ihn beginnen sehn, zurück, nachdem er den vergeblichen Versuch gemacht hat, sich durch die Magie in den Besitz der Wahrheit zu setzen. Aus Manfred schlägt, nach dem vergeblichen Versuch, durch die Geister der Natur Selbstvergessenheit zu gewinnen, die Flamme des unsittlichen Bewußtseins mit viel größerer Gewalt als früher heraus. Faust und Manfred werden von diesem letzten äußersten Schritte zurückgehalten; der erstere, indem plötzlich in die Nacht der Verzweiflung an der Erkenntniß der Wahrheit Töne dringen, welche die Auferstehungsfeier verkünden und die geheimnißvolle Einheit der göttlichen und menschlichen Natur

aussprechen, welche darum auch Faust von der Verzweiflung
lösen, weil ihm hier der tiefste Kern aller Wahrheit entgegentritt. Manfred's Entschluß des Selbstmords wird dagegen, freilich mehr äußerlich, gehemmt.

Ein einfacher, lebensfroher, in Arbeit und Frömmigkeit groß gewordener Landmann tritt dem gequälten Manfred entgegen und verhindert die Ausführung seines Vorsatzes. Aber dieses Begebniß erhebt der britische Dichter zu einem tief aufgefaßten Moment in der Darstellung der inneren Freiwerdung Manfred's. Derselbe sieht nämlich in dem fröhlichen Gemsenjäger, hoher Tugend voll, wie ihn Manfred selbst bezeichnet, den Gegensatz seiner selbst in seiner ganzen Strenge versinnlicht. Dort die ungebrochene, noch in keinen Zwiespalt getretene Sittlichkeit, während in ihm nur die Qual des sittlichen Zwiespalts wüthet. Dort sehen wir die Unschuld des einfachen, mit der Natur noch in schöner Einheit verharrenden Landmannes, in Manfred den Geist in der furchtbaren Gewißheit seiner Trennung von der sittlichen Einheit, der aber in der Pein seiner Schuld auch der Tiefe des Geistes inne wird, den Gegensatz in sich selbst tragen zu können. Erst der unbefangenen Sittlichkeit des Gemsenjägers gegenüber gewinnt Manfred das Bewußtsein von der Hoheit des Geistes, in dem Widerspruch und Bruch des sittlichen Geistes nicht zu Grunde zu gehen. Hier beginnt also Manfred schon in der Negation das Positive, in dem Gefühl der Schuld die Befreiung zu ahnen. Darum möchte er selbst sein qualerfülltes Bewußtsein nicht mit dem Loos des Landmanns vertauschen, da er ertragen kann, was Andere nicht im Traum ertragen könnten ohne umzukommen. Aus dieser Kraft, den Zwiespalt und das Schuldbewußtsein aushalten zu können, stammt Manfred daher ein Muth, der ihn über sich selbst erhebt, denn der in den Gegensatz und Kampf mit sich eingegangene Geist scheint ihm ein höheres Zeugniß von der Macht und Energie des Geistes zu sein, als die Erscheinung

der in ruhiger Einheit mit sich ihre Tage kampflos dahin=
lebenden Unschuld; gleichwie Faust, selbst in seiner theore=
tischen Verzweiflung, in dem Schmerze seines vergeblichen
Ringens nach Wahrheit sich einer höheren Kraft des Geistes
bewußt ist, als der widerspruchs= und sehnsuchtslos dahin=
lebende Wagner, dem die Schmerzen und Kämpfe der Er=
kenntniß ein unbegreiflicher Zustand sind.

Manfred ist jetzt um das Bewußtsein der Kraft des
Duldens durch die Anschauung des Gegensatzes in dem ein=
fachen Gemsenjäger reicher geworden. Dies Bewußtsein
erfüllt ihn auf einen Augenblick mit dem Selbstgefühl der
unendlichen Macht des Geistes und gewährt ihm eine Ruhe,
welche ihm gestattet, sich in die Natur zu versenken. Er
ruft in eben so zarten, als durchdringenden Tönen [11] die holde
Alpenfee herbei, an ihrem Antlitz sich zu laben, und flüchtet
sich in ihr geheimes Walten. Ihr schüttet er sein ganzes,
übervolles Herz aus, ihr enthüllt er sein ganzes, früh schon
der Einsamkeit und dem Schmerze hingegebenes Leben, ihr
schildert er den einzigen Lichtblick in seinem düstern Dasein,
das Wesen, welches ihn zu beseligen allein die Gewalt ge=
habt hätte. Hier bekennt Manfred zum ersten Male das
tiefe Weh seiner Seele, das Herz der Edlen gebrochen und
sündige Wünsche gegen sie genährt zu haben, da doch ein
heiliges Gesetz ihn für immer hätte in die Schranken reiner
Neigung zurückweisen sollen. Zum ersten Male löst sich das
tief erschütterte Herz in mildern Schmerz auf und läßt uns
dabei in die ganze Tiefe seiner durchlebten Qual blicken,
der er versucht hat zu entrinnen, die aber stets zurückge=
strömt ist „in des Gedankens bodenlosen Abgrund." In's
Weltgewühl hat er sich gestürzt, aber aus aller Mannigfal=
tigkeit des Genusses ist ihm das Gefühl der Schuld immer
wieder hervorgebrochen, so daß er in Verzweiflung immerdar
fortlebt. Hier erst sind wir bis zu dem innersten Kern von
Manfred's Schuld und Schmerzen vorgedrungen, hier erst
dringt aus seiner Seele der Strom einer unendlichen Zerknir=

schung mit voller Gewalt, hier endlich erfüllt uns Manfred zum ersten Male mit dem tiefsten Mitleid, weil wir in der Zerstörung des geliebten Wesens, welches allein seine ganze Persönlichkeit ergriffen hatte, seinen Lebensnerv durchschnitten sehen. Manfred ruft hier nicht mehr, wie in der ersten Scene, die Elementargeister zu seiner Erlösung auf; die Natur erscheint hier vielmehr als das Abbild seiner Schmerzen. Es ist diese Rückwendung Manfred's zur Natur also nicht eine leere Rückkehr zu seinem ersten Zustande, sondern eine aus der Tiefe des Schuldbewußtseins, wie aus der Ahnung von der Alles besiegenden Macht des Geistes dringende Stimmung. Darum schwebt über dieser Scene zugleich ein solcher Zauber, indem das unheimliche Walten jener ersten Naturmächte gewichen ist. Hier begehrt daher auch Manfred nicht mehr, wie in der ersten Scene, Selbstvergessenheit, er ist hier vielmehr schon davon durchdrungen, daß jede Hülfe, welche die Natur ihm bieten kann, vergeblich ist, und daß der Geist der Herr ist über die Natur [12]. Manfred versinkt im Monologe zwar wieder in die Oede des Bewußtseins [13], aber seine Qual erscheint nicht mehr als die bewußtlos aus ihm heraustönende Stimme eines Dämons, sondern als sein von ihm gewußtes und gewolltes eigenstes Geschick, das keine Gewalt zu beugen vermag.

Darum vermag auch Manfred allen Gefahren zu trotzen, weil nichts an die Wirklichkeit seiner Schmerzen reichen, kein Schrecken die Schrecken seines Gemüths überbieten kann. So gestimmt wagt sich Manfred in das Reich der Zerstörung und sucht es in seinen letzten Quellen auf, indem er der vernichtenden Kraft des Bösen selbst in's Angesicht schaut. Aber er weiß sich zugleich über jede vernichtende Gewalt, über alle Schrecken der Zerstörung erhaben, weil ihm gegen den Zwiespalt in seiner Brust, gegen die innerlich wüthende Qual der Schuld jede Wuth zerstörender Kräfte nichtig erscheint. Diesen Gedanken versinnlicht uns nun die folgende Scene, welche uns in den Kreis verneinender Geister führt. Es erscheint uns das Böse mit allen seinen Schrecken, mit der ganzen Wuth der Zerstörung alles Endlichen und der höllischen Schadenfreude darüber, wie über die grausame Erhaltung dessen, was des Unterganges würdig ist. Endlich erscheint Ahriman, der gleichsam alle Elemente der Vernichtung in sich vereinigt. Dieser Macht tritt Manfred gegenüber. Aber wie er der sanft zum Gehorsam mahnenden Alpenfee trotzig erwidert hatte, daß er Niemand unterthan ist, als dem Geist in ihm, so tritt er auch der Schaar dieser Geister, welche ihn sich beugen heißen, mit der vollen Kühnheit des Bewußtseins entgegen, welches weiß, daß der seiner selbst bewußte Geist eine Macht ist, über welche Niemand Gewalt hat, das aber, worüber jene verneinenden Geister Macht haben, von ihm selbst als das Nichtige gewußt wird. In dieser Furchtlosigkeit gegen alle und jede Form der Vernichtung, hat er den Gedanken, daß nichts über ihn Macht ausübt, als der selbstbewußte, alles Weh in sich selbst tragende Geist, bewährt. Von diesen Geistern, als deren Herr er sich empfindet, fordert er die Todte, um sie zu befragen. So wenig aber die Geister Macht haben über Manfred, ebenso wenig ist sie ihnen über Astarte vergönnt, weil sie die von endlichen Banden erlöste ist, welche, nach der Nemesis Ausdruck, anderen Mächten angehört. Nur Manfred steht daher die Gestalt Astarte's Rede.

Im ersten Akt sahen wir dem innerlich durch die Buße noch nicht Gereinigten die Schwester nur in der Gestalt eines schönen Weibes erscheinen. Die schwesterlichen Züge waren noch nicht zu völliger Klarheit hervorgetreten, weil ihre Erscheinung dem noch ungeläuterten Gemüthe Manfred's entsprach. Dem völlig in sich gegangenen, in sein Schuldbewußtsein versenkten Manfred tritt aber die von allen irdischen Schlacken gereinigte Schwester, nicht mehr das sinnlich schöne Weib, entgegen. Ihre Erscheinung entspricht also auch hier völlig dem Bewußtsein Manfred's. An sie wendet sich nun derselbe heißflehend, ihr enthüllt er die ganze höllische Qual seines Lebens, das vor Unsterblichkeit ihn schaudern macht, als fortgesetztem Dasein. Astarte kündigt ihm das Ende seines Leidens auf morgen an, und deutet so auf eine endliche Versöhnung Manfred's hin. Schon das Erscheinen Astarte's in ihrer eigenthümlichen Gestalt war, wie wir zeigten, ein Zeichen seiner beginnenden Versöhnung. Durch den tiefsten Ernst einer das Gemüth durchbebenden Reue hat sich Manfred aber auch innerlich frei, d. h. zum **Herrn über seine Schuld gemacht**, zu machen angefangen. Diesen Sinn hat Astarte's sanft verhallender Ton, mit dem sie, Manfred's Namen rufend, scheidet. Es ist der Hauch der Vergebung, welcher von ihren Lippen tönt und sich in den Namen des schmerzerfüllten Bruders zusammenfaßt. Der durch die Energie seines Schuldbewußtseins Geläuterte vernimmt in diesen Lauten Astarte's die Gewißheit der Versöhnung, welche innerlich durch den Ernst seiner Buße eingekehrt ist. Auch hier erblickt also Manfred in dem Geiste das Stadium seines eignen Bewußtseins, nur daß er diese Versöhnung selbst **noch nicht als seine eigne**, durch die Kraft des Geistes erarbeitete That anschaut.

Daß die Bedeutung der Astarte die von uns entwickelte ist, beweist der nächstfolgende, wundervolle Monolog Manfred's. Zum ersten Male ist **ihm friedlich und unaussprechlich still zu Muth**, das Leben hat ihm noch niemals so gelächelt [14]. Zum ersten Male ist also Manfred aus der Negation das Positive, aus der Qual die befreiende Kraft hervorgebrochen. Da er aber diesen Sieg des Geistes, der sich zum Herrn seiner Leiden, zum Ueberwältiger seines tiefsten Widerspruchs macht, noch nicht als **seine That** anerkennt, so erscheint ihm dies Gefühl des Friedens zugleich als ein Wunder, das er niederschreiben möchte, als ein **unerklärlich Still-**

sein, dem er daher auch nicht dauernde und nachhaltige Kraft zuschreibt.

Mit diesem, Manfred's Bewußtsein noch beherrschenden Widerspruch, der durch die Energie seines Schuldbewußtseins Gereinigte zu sein, aber diese Erlösung noch nicht als seine That, als das Werk des Selbstbewußtseins zu wissen, betreten wir das letzte Stadium seiner Entwicklung. Manfred hatte sich den elementarischen Mächten, wie den zerstörenden Geistern gegenüber, als der in seiner Innerlichkeit und seinem Denken unabhängige und freie Geist erfahren, der weder Trost noch Rettung von ihnen erfahren konnte, sondern welcher allen Schmerz und alle Schuld allein auf sich selbst zu nehmen hat. Jetzt wagt die Kirche in der Person des Abts den Versuch, Manfred den Frieden darzubringen, wenn er sich an sie aufgiebt. Sie verheißt ihm die Stillung unendlicher Leiden, indem sie sich auf ihre erlösende und bindende Kraft beruft. Diesen himmlischen Trost bietet der katholische Abt dem Manfred. Die Unterredung ist der Gipfel der Tragödie. Der Dichter hat diesem ganzen Akt in der Umarbeitung des Werkes eine andere und zwar viel edlere Gestalt gegeben, ein Beweis auch von der künstlerischen Besonnenheit und Weisheit Byron's. Während nämlich in der ursprünglichen Fassung die Zurückweisung des Abts durch Manfred voll Uebermuth war und die Reden des Abts noch einen zelotischen Charakter hatten, so erscheinen beide in der Umgestaltung, welche ihnen der Dichter gegeben hat, durchaus edel und würdig, die Gegensätze in der klarsten und zugleich idealsten Form vertretend.

Was auf früheren Stufen nur unvollkommen angedeutet werden konnte, erhält in diesem Akt seinen erschöpfenden Ausdruck. Die Unterredung Manfred's mit dem Abt bildet darum nothwendig den Schlußstein unserer Tragödie, da hier der principielle Gegensatz zu seiner reinsten und geistigsten Form erhoben worden ist. Was Manfred gleich anfangs als sein tiefstes Bewußtsein ausgesprochen hatte: keine Furcht mehr zu kennen, dies wiederholt er jetzt in viel bestimmterer Weise gegen den Abt, daß keine künftigen Leiden den Selbstverdammten je so strenge richten, als er sich selbst [15]. Mit diesem Gedanken weist er aber zugleich auch die von dem Abt ihm dargebotene Sühne und Vergebung ab. Dem mahnenden Worte der ihm Frieden bietenden Kirche begegnet er abweisend mit dem Worte: „es ist zu spät," dessen tiefer Sinn freilich auch dem Abt verschlossen ist. Zu spät aber kommt das Anerbieten der Kirche allerdings, weil Manfred durch die ungeheure Arbeit einer alles Irdische in ihm auflösenden Reue sich in sich selbst bereits die Bedingungen jener Versöhnung erworben hat, welche ihm die Kirche bietet [16]. So erscheint Manfred dem Abt gegenüber als der sich selbst genügende, keiner anderen Erlösung bedürfende Geist, der in die Buße und den Zwiespalt freiwillig eingegangen ist und sich in diesem Kampfe selbstbewußt läutert. Manfred weicht daher der Kirche so wenig, als der Hölle, weil er einen Himmel, den ihm die Kirche eröffnet, eben so sehr verschmäht, als er der Schrecknisse der Hölle spottet. Wie die innere Qual, in welche er sich versenkt hat, die Qualen der Hölle weit hinter sich zurückläßt, so ist ihm der Friede, welchen er sich in sich selbst erringt, ein beseligenderer Besitz, als welchen ihm die Kirche bietet. Manfred weist daher den Abt der alleinseligmachenden Kirche ab, weil er in seiner protestantischen Innerlichkeit durch die in ihm wirksame Energie des unendlichen Geistes sein eigener Priester ist, und die Kraft des Bindens und Lösens in sich selber findet.

Diese energische Berufung Manfred's auf die in ihm wirkende Gegenwart des absoluten Geistes und die Zurückweisung eines durch die Kirche ihm gebotenen Friedens ist durch den ganzen Vorhergang, namentlich aber durch das versöhnende Wort Astarte's vermittelt. Ihr mildes Wort erschien als die erste erquickende Frucht, welche Man=

fred aus der Vertiefung in seine Schuld hervorgebrochen war. Das Auftreten des Abts bringt aber das in Manfred noch verborgene, zurückgedrängte Prinzip zur freien Entfaltung. Aus dem Bekenntniß des katholischen Abts, welcher ihm die Rettung durch die Kirche, also durch eine äußere Macht, anbietet, wird ihm erst die Kraft des eigenen Geistes klar. Der Gegensatz bringt daher das Wesen des Geistes, der bisher in Manfred noch die Gestalt einer bewußtlos wirkenden Kraft hatte, zur vollen Entfaltung, er sprengt jetzt die letzte Hülle und zeigt sich in seiner eigentlichen Gestalt, als der in seiner Unendlichkeit sich selbst genügende, selbstbewußte Geist, der eben deshalb sich zum Herrn über sich selbst machen, seinen eigenen Gegensatz, die Sünde und das Schuldbewußtsein aufheben und in dieser Selbstversöhnung sich von allen Schlacken des Irdischen reinigen kann. So geht dem Manfred die Autonomie des Geistes in ihrer vollsten Wahrheit auf.

Da der Kirche von ihrem Standpunkt aus Alles daran liegen muß, eine Seele zu retten, und ihr den Frieden zu bringen, so läßt auch der einmal schon zurückgewiesene Abt nicht nach in seinen Anstrengungen. Dies Streben ist in der Wiederkehr des Abtes angedeutet. Da aber die katholische Kirche den seiner unendlichen Freiheit sich bewußten Geist nicht kennt, so vermag auch der Abt Manfred's Widerstand nicht zu begreifen und erblickt darin nur die Verstockung des Sünders, welcher sich gegen den heiligen Geist verschließt. Manfred spricht daher für den Abt in Räthseln und täuscht sich auch keinen Augenblick über den völlig verschiedenen Boden, auf welchem er sich, dem Abt gegenüber, befindet. Erst die letzte Unterredung des Abtes vollendet das ganze Gemälde. Auch hier hat uns der Genius des Dichters in der Umgestaltung seiner Tragödie eine wesentliche Bereicherung seines Werkes gegeben. Manfred ist nämlich durch die sich selbst aufreibende, sein individuelles Leben zermalmende Buße und Reue endlich innerlich frei geworden; er fühlt sich also nach diesem durch seine Zerknirschung erarbeiteten Siege über seine Schuld von jedem sündigen Willen ebenso gereinigt, als er vorher darin verstrickt war. Der sittliche Geist hat also die ungeschmälerte, volle Gegenwart in ihm gewonnen. Indem derselbe ihn durchdrungen, hat er zugleich seinen Gegensatz, den unsittlichen Geist, in ihm aufgelöst. Manfred hat sich mithin zum Herrn über das Bewußtsein seiner Schuld gemacht. Dieser Proceß erscheint nun in unserem Dichter einmal in der, von ihm durch einen Akt dichterischer Intuition erst später eingeschalteten Scene, in welcher Manfred's böser Geist auftritt und von ihm bewältigt wird, dann in dem Akte seines Todes. Die jetzige Gestalt der letzten Scene ist, mit der früheren verglichen, eine wesentliche Vervollkommnung des Dichterwerks. Jetzt erst ist der Tod Manfred's in eine organische Beziehung zur Idee des Werkes gesetzt worden. Nach der ersten Bearbeitung kommt der Tod nur äußerlich an Manfred heran. Der Thurm steht in Feuer. Manuel und Hermann eilen herein, um Manfred zu retten, beide kehren zurück, den verscheidenden Manfred in ihren Armen tragend, in dem nur noch so viel Lebenskraft ist, um zu Manuel die Worte zu sagen: „Es ist nicht schwer, zu sterben, alter Mann!" Nach diesen Worten stirbt er. Der Tod wird also hier nur durch eine äußerliche Gewalt herbeigeführt, nicht, wie nach der Umgestaltung, durch die innere Arbeit einer die Lebenskraft auszehrenden Qual. Die letzten Worte, gegen Manuel gerichtet, sind ohne tiefere Bedeutung, während sie, zum Abt gesprochen, den Schlußstein der ganzen Geistesbewegung Manfred's bilden. Beide Momente fordern eine nähere Erörterung, um sie in ihrem organischen Zusammenhange mit der Idee unserer Tragödie zu begreifen.

Die Erscheinung des bösen Geistes, welcher Manfred fordert, weil seine Stunde gekommen ist, dem aber Manfred nicht nur Trotz bietet, sondern über den er auch trium-

phirt, ist der böse Genius Manfred's, d. h. der Geist
des Bösen, insofern er in Manfred Gestalt angenommen hat
und in sein Fleisch und Blut übergegangen ist. Manfred
schaut in der Erscheinung seines Genius, welchen er mit
Fassung auf sich eindringen sieht, sein eigenes böses Wesen
gegenständlich an. Dem stolzen, seines Erfolgs so sicheren
Gebote des Geistes, ihm zu folgen, setzt Manfred die Berufung auf seine freiwillig durchlebte Qual, wie auf die unendliche Freiheit des sich selbst erlösenden Geistes siegreich
entgegen. Indem Manfred in dem Bewußtsein seiner ungeheuren Schuld die einzige Verdammniß seiner That findet,
indem er mit unerbittlicher Strenge die Buße für den Frevel auf sich genommen hat und damit seine Verletzung als
die That eines durch keine Naturnothwendigkeit getriebenen
freien Geistes bekennt, hat er den Geist des Bösen
in Wahrheit in sich überwunden und von sich
gestoßen. Die Erscheinung seines bösen Genius hat
also wesentlich die Bedeutung, die Entäußerung seiner eigenen Sündhaftigkeit zu sein, welche er
durch die Freiheit des sittlichen Geistes aus sich herausgearbeitet und damit zu einem von ihm geschiedenen Geiste
gemacht hat. Die Erscheinung des bösen Geistes ist daher
die erste Bestätigung der in Manfred wahrhaft und wirklich
vollbrachten Versöhnung. Sein böser Genius erfährt seine
Ohnmacht gegen den vom Bösen freigewordenen Manfred.
Derselbe bedarf daher auch keiner besonderen Beschwörungs-
formeln, um diesen Geist zu bannen, denn er hat für Manfred
die Bedeutung eines wesenlosen Gespenstes. Sein Verschwinden ist nur das Bekenntniß, daß er an Manfred keine Gewalt
hat, weil er aufgehört hat sein Fleisch und Blut zu sein.

Dem wesenlos gewordenen, von ihm überwundenen
Bösen gegenüber erhebt sich endlich Manfred zum bewußten Ausdruck der unendlichen, jeden von
außen gebotenen Lohn und Strafe verschmä-
henden, allen Schmerz, wie alle Seligkeit

in sich selbst tragenden Geistesfreiheit[17]. Erst jetzt ist Manfred bis zur Wurzel desjenigen Princips durchgedrungen, welches zwar bisher schon in ihm mächtig war, das er aber noch nicht selbstbewußt, als die alles bewegende Macht begriff. Die Worte, mit welchen Manfred am Schluß der Tragödie das Wesen des sich selbst verdammenden und befreienden Geistes ausspricht, dürfen daher mit Recht als der in's volle Bewußtsein erhobene Anfang unserer Tragödie betrachtet werden, ein Resultat, welches sich Manfred durch die eigene Arbeit des Geistes erkämpft hat. Mit diesen Worten ist daher der gute Geist in Manfred eben sowohl zur absoluten Gegenwart gekommen, als der böse Geist völlig überwunden und ausgesondert. Die Geister fliehen deshalb auch unmittelbar nach Manfred's letzter Rede, weil sie der Triumph des in Wahrheit freigewordenen, über jede äußere Vergeltung erhabenen Geistes ist.

Manfred hat jedoch nicht nur durch den ganzen vom Dichter dargestellten Prozeß das Böse in sich aufgezehrt, sondern damit auch sein individuelles Dasein aufgerieben. Manfred stirbt, weder durch eine äußere Gewalt, noch durch Selbstmord dahingerafft. Wir sehen ihn nur mit dem Ausdruck des Friedens und der Versöhnung scheiden, ein Räthsel für den Priester, dem vor Manfred's Scheiden graut, weil er nur den durch die Kirche gespendeten Frieden, die durch die Kirche geheiligte Versöhnung kennt und von der sich selbst befreienden Kraft des menschlichen Geistes keine Ahnung hat. Daß aber Manfred stirbt, hat seinen absoluten Grund in der durch die Arbeit und den Ernst der inneren Buße erfolgten Auflösung der Lebenskraft. Manfred's Tod ist daher das Zeugniß einer nicht nur mit Worten und oberflächlich vollzogenen, sondern bis in das Mark seines Lebens eingedrungenen Reue, einer Selbstverurtheilung, welche die Lebenskraft aufgerieben, ihn aber dadurch auch innerlich völlig frei gemacht

hat. Deswegen ist Manfred im Scheiden so versöhnt, eine
selige Stille ist in ihm eingekehrt, das Sterben ist ihm
leicht, denn es ist zugleich mit seiner individuellen Auf=
lösung auch alles Sündhafte in ihm hinweggetilgt worden.
Der Tod kann, im Einklang mit der ganzen Idee unseres
Dramas, wie aus dem Gesagten folgt, für Manfred gar
nicht anders erfolgen, als ihn der Dichter herbeigeführt hat,
denn er löst in Wahrheit nur die Form des individuellen
Lebens auf, indem sich der absolute Geist durch Kampf und
Sieg darin völlig zur Geltung gebracht hat. Der Tod ist
bei Manfred also weder Ausdruck des Lebensüberdrusses,
noch eine That der Verzweiflung, sondern wesentlich die
Offenbarung der Vergänglichkeit des individuellen Daseins,
welches der in ihm wirksame allgemeine Geist aufgezehrt hat.
Manfred darf aber nicht etwa einen neuen Lebenslauf beginnen,
und sich, wie Faust, in die große Welt stürzen; dies würde
uns ein gerechtes Mißtrauen gegen die durchdringende Kraft
seiner Reue erwecken, wir würden nicht an die Wahrheit
des den bösen Geist in ihm völlig hinwegtilgenden sittlichen
Geistes glauben. Die Stärke seines Zwiespalts und seines
Schuldbewußtseins fordert zur Beglaubigung der völligen
Bewältigung derselben, daß der individuelle Mensch in die=
sem Reinigungsprozesse zu Grunde gehe und nicht noch
Kraft genug behalte, das Leben in neuen Formen fortzu=
setzen. Indem Astarte dem Bruder das Ende seiner Qual
auf morgen verkündet, deutet sie schon auf die nahe Auf=
lösung desselben hin, weil sie die Tiefe seines Leidens und
die verzehrende Gewalt desselben kannte. Darum vermochte
auch Astarte mit dem Ton der Vergebung zu scheiden, da
sie den Tod Manfred's als Ausdruck seiner vollständigen
Befreiung ahnte, oder, indem wir das Phantom der
Astarte auf ihre eigentliche Bedeutung zurückführen, da
Manfred in dem beginnenden Frieden auch die nahe Zer=
störung eines Daseins vorempfand, in welchem der Schmerz
über eine ungeheure Schuld einen unheilbaren Riß gemacht

hatte. Manfred scheidet in sich vollständig versöhnt, indem sich in den Worten des Scheidenden der Sieg des allgemeinen Geistes über den individuellen Geist ankündigt, der mit seinem letzten Wort des Friedens schon die Frage des Abtes: Wohin seine Seele sich aufschwang? beantwortet, oder vielmehr als längst gelöst zurückgewiesen hat. Während der auf dem Boden kirchlicher Vorstellung stehende, nur die durch die Kirche vollzogene Versöhnung kennende Abt den Geist, theils noch in einen diesseitigen und jenseitigen scheidet, theils als eine an den Menschen von Außen kommende, unbedingte Unterwerfung fordernde Autorität faßt, so kommt in Manfred der Geist, als die absolute, die Gegensätze des Diesseits und Jenseits aufhebende Gegenwart zur Erscheinung, als der Geist, welcher seiner siegenden und befreienden Kraft schlechthin gewiß ist, weil er sich zum Herrn des Zwiespalts macht, welcher sein eigenes Geschöpf ist.

Mit durchdringenderen Tönen hat noch kein Dichter die Unseligkeit innerer Zerrissenheit und Zerstörung ausgesprochen, als Byron. Er ist in dieser Beziehung ganz und gar ein Geschöpf der modernen Welt, als er die erschöpfendste und gewaltigste Form der Poesie für den in Kampf und Zwiespalt mit sich getretenen Geist geschaffen hat. Denn erst mit der Tiefe des Gegensatzes ermißt sich die Größe des Sieges, welche denselben bewältigt. Indem Byron den Menschengeist, wie die Natur in ihrer dämonischen Gewalt und Physionomie ergriff und in den Abgrund des mit sich ringenden Geistes herabstieg, erfaßte er zugleich den Angelpunkt, um welchen sich alle Kämpfe der Wissenschaft und Poesie in der modernen Welt bewegen; denn er konnte nur darum der Dichter des in sich zerrissenen Geistes und seiner Zerstörung werden, weil er all' und jede äußere Beschwichtigung, jede durch irgend eine Autorität oder Selbstbelügung erzeugte Versöhnung von sich gewiesen hat, und die Autonomie der Freiheit des selbstbewußten

Geistes ahnte. Darin liegt aber zugleich auch der Grund, warum Byron so oft nur den Eindruck der Unheimlichkeit und Zerrissenheit hinterläßt, weil die Flamme seines Genies vorzugsweise den Geist in seiner zerstörenden Kraft beleuchtet, weil er in diesen Abgründen am liebsten verweilt, die Natur gerade in ihrer Furchtbarkeit am ergreifendsten malt und gewissermaßen in den Darstellungen der Qualen des Gemüths und der Selbstzerfleischung schwelgt. Der Accent ruht bei Byron so sehr auf der Verneinung, dem Zwiespalt und dem Kampfe, daß er die versöhnenden Laute übertönt. Dennoch brechen auch sie oft mit einer so erschütternden Gewalt hervor und wir sehen dann die Verneinung auch in den Ausdruck der erlösenden Kraft des Geistes übergehen. Davon ist Manfred das größte Beispiel der Byron'schen Muse. Hier faßt sich der ganze Stolz und der Unabhängigkeitssinn einer großen Natur zusammen, welche keine Versöhnung annehmen kann und will, die sie nicht in sich selbst vollzogen hat, noch sich irgend einen der Schmerzen erspart, welche sie vielmehr als Tribut für ihre Verirrung ganz und voll entrichtet. Manfred besiegt die Furien, das Schicksal und den Tod, denn er verwandelt sie in Elemente des freien, sich selbst bestimmenden Geistes, er streift ihnen also jeden Charakter einer an den Menschen von außen herantretenden Macht gänzlich ab und gewinnt endlich auch das Bewußtsein über diese Idealität und Autonomie des Geistes. Weil Manfred bis zu dieser Spitze des protestantischen Bewußtseins vordringt, den durch die Kirche dargebotenen Frieden nicht minder stolz zurückweist, wie sehr er auch den ehrwürdigen Vertreter derselben verehrt, als den infernalen Erscheinungen und Schrecken despotisch begegnet, weil es in ihm bis zu einem furchtbaren Ernst der absoluten Gegenwart des Geistes gekommen ist, welcher „sich selbst Vergeltung schafft für sein verwerflich Denken, wie für das Gute," darum hat ein beschränkter Orthodoxismus den Dichter für gottlos und atheistisch erklärt, darum verschließt ihm noch heute die englische Hochkirche die Pforten der Räume, welche die Größen Englands, den Helden wie den Staatsmann, den Redner, Dichter und Gelehrten ehrfurchtgebietend umschließen [18]. Das alte England hat den Dichter des Manfred noch nicht aufnehmen und heilig sprechen können, weil er sich mit seiner Wurzel von dem alten, orthodoxen England losgerissen und mit ihm direct, wie indirect in einen unversöhnlichen Widerspruch getreten ist. Wenn der Orthodoxismus seines Vaterlandes, welcher nur an dem kühnen, bis zur Verwegenheit sich steigernden Skepticismus, an dem Wechsel von Lebensverachtung und Genußsucht Byron's festhält, keinen Sinn hat für seine innige Hingebung an die höchsten Interessen der Menschheit, und seinen Gesang von der unendlichen Freiheit des Geistes nicht vernimmt, so ziemt es sich wohl für den England so verwandten deutschen Geist, in dem reichsten Schmerzensgesange, welchen die Poesie aufzuweisen hat, auf die positive und versöhnende Kraft, welche aus aller Verzweiflung herausschlägt, hinzuweisen, und wie der deutsche Dichterfürst dichtend im Euphorion diese Größe und Erhabenheit der freien Subjectivität verherrlichte, ihr auch durch denkende Erkenntniß ihr Recht zu vindiciren.

Anmerkungen zu Byron's Manfred.

1) Goethe fällte dies Urtheil bald nach dem ersten Erscheinen des Manfred (London 1817). Die Goethe'schen Worte lauten: „Eine wunderbare, mich nah berührende Erscheinung war mir das Trauerspiel Manfred, von Byron. Dieser seltsame, geistreiche

Dichter hat meinen Faust in sich aufgenommen und hypochondrisch die seltsamste Nahrung daraus gesogen. Er hat die seinen Zwecken zusagenden Motive auf eigne Weise benutzt, so daß keins mehr dasselbige ist, und gerade deshalb kann ich seinen Geist nicht genugsam bewundern. Diese Umbildung ist aus dem Ganzen, daß man darüber und über die Aehnlichkeit mit dem Vorbild höchst interessante Vorlesungen halten könnte; wobei ich freilich nicht läugne, daß uns die düstere Gluth einer grenzenlosen Verzweiflung am Ende lästig wird. Doch ist der Verdruß, den man empfindet, immer mit Bewunderung und Hochachtung verknüpft." Vergl. Goethe's Werke 46 S. 228—232. Durchweg zeigt Goethe die lebhafteste Theilnahme für die Gaben dieses **außerordentlichen Geistes und dieser großen Persönlichkeit**. Außer der angeführten Stelle, welcher Goethe noch die Uebersetzung eines Monologes des Manfred beigefügt hat, vergleiche man noch Werke 32 p. 109 und 129 und besonders: **Gespräche mit Goethe von Eckermann**, 1 p. 63, wo er von Byron sagt: „**dessen Persönlichkeit von solcher Eminenz, wie sie nicht dagewesen und wohl schwerlich wiederkommen werde**." Ferner 1 p. 191 und besonders p. 200 u. s. f., wo Goethe unter Anderm von Byron sagt: „dasjenige, was ich die Erfindung nenne, ist mir bei keinem Menschen in der Welt größer vorgekommen, als bei ihm," und ferner p. 205: „In Auffassung des Aeußeren und klarem Durchblick vergangener Zustände ist er eben so groß, als Shakespeare. Aber Shakespeare ist als reines Individuum überwiegend." Die Art endlich, wie Goethe unseren Dichter selbst dichterisch im zweiten Theil seines Faust verherrlicht hat unter der Gestalt des Euphorion, habe ich ausführlich entwickelt und im inneren Zusammenhange mit dem ganzen Werke nachgewiesen in der **dritten Abtheilung meiner Abhandlungen zur Philosophie der Kunst** p. 159—164.

2) **Lord Byron** schreibt im Juni 1820 an seinen Verleger: „Ich habe Goethe's Faust niemals gelesen, denn ich verstehe kein Deutsch, aber Mack Lewis übersetzte ihn mir 1816 in Coligny größtentheils laut vor und ich wurde natürlicher Weise davon lebhaft ergriffen, doch haben mich der Steinbach, die Jungfrau und andere Berge mehr als der Faust zu meinem Manfred begeistert. Doch hat die erste Scene mit der des Faust große Aehnlichkeit." Vergl. ferner Byron's Aeußerungen in einem Gespräch mit Medwin, mitgetheilt im Leben Byron's vor der Uebersetzung seiner sämmtlichen Werke von A. Böttger, p. L, ferner LIII, wo er sagt: „Ich gäbe die Welt darum, den Faust im Original lesen zu können."

3) Auch **George Sand** hat in dem oben erwähnten Aufsatz über das phantastische Drama diesen Zusammenhang des Schlusses

des Faust mit dem Manfred geahnt, wenn sie sagt: „In diesem Gedicht (nämlich Manfred) erblicken wir sogleich einen noch unglücklicheren, noch strafbareren, noch verdammteren Menschen als Faust," und an einer anderen Stelle: „In der neuen Phase, die man Faust's Buße nennen könnte, hat der große Verbrecher (Manfred), der erhabene Verdammte freilich nicht mehr die Martern eines unersättlichen Geistes zu dulden, der Geist hat auf seinem kühnen Fluge an dem Tage eingehalten, wo das Herz brach."

4) Manfred spricht diese innige Seelenverwandtschaft mit Astarte in dem Erguß gegen die Alpensee (Akt 2, Scene 2) ergreifend aus, indem er sagt:

„In ihren Zügen glich sie mir — ihr Auge,
Ihr Haar, ihr Ausdruck, Alles, selbst der Ton
Der Stimme, hieß es, sei der meinen gleich,
Doch Alles milder und verklärt in Schönheit.
Sie suchte auch die Wege und Gedanken
Der Einsamkeit und das verborgne Wissen.
Ihr Geist umschloß das Weltall: doch besaß
Sie sanftere Gewalten noch als ich,
Erbarmen, Lächeln, Thränen — die mir fehlten,
Und Liebe, — die ich nur für sie empfand,
Und Demuth, — die mir nimmer ward zu Theil,
Mein waren ihre Fehler — ihre Tugend
War ganz ihr Eigenthum."

5) Wie schon aus den oben angeführten Stellen die Beziehung zu einer Blutsverwandtschaft unverkennbar ist, so sprechen andere Stellen dieselbe ganz unwiderleglich aus, sowie das Verbrechen, welches auf Manfred lastet. In der Unterredung mit dem Gemsenjäger (Akt 2, Scene 1) sagt Manfred, indem er in seiner Phantasie Blut am Rande klebend erblickt:

„Blut, sag' ich, ist's, mein Blut, der reine warme Strom,
Der in des Vaters Adern rann, in unsern,
Da jung wir waren, beide nur ein Herz,
Da wir uns liebten, wie wir nicht gesollt.
Dies ward vergessen."

Ferner sagt Manuel (Akt 3, Scene 3) in der Unterredung mit dem Abt, indem er jener grauenvollen Nacht im Thurme denkt:

„Bei ihm war
Die einzige Gefährtin seines Wanderns

Und Wachend, sie, die er allein von Allem,
Was lebt auf Erden, schien zu lieben, wie
Ihm Blutsverwandtschaft auch zu thun gebot,
Astarte, seine — still! wer kommt daher!"

Man sieht, der Dichter vermeidet geflissentlich die Schwester zu nennen, gleichsam vor der directen Nennung des Frevels zurückbebend. Schwieriger ist die Frage, wie Astarte gestorben sei. Manfred nennt sich selbst ihren Mörder, ohne daß er ihr Blut selbst vergossen hat. In der Scene mit dem Gemsenjäger sagt Manfred:

„Mein Umarmen tödtete",

und gegen die Alpenfee bekennt er am Schluß der oben angeführten Stelle:

„Sie liebt' und mordet' ich."

Auf die Frage der Alpenfee: Mit deiner Hand? erwidert Manfred:

„Nicht meine Hand, mein Herz, das brach das ihre,
Es welkte, mich durchschauend. Blut vergoß ich,
Doch ihres nicht — und doch ward dies vergossen,
Ich sah's und konnt's nicht stillen."

Nach diesen Stellen hat sich Astarte offenbar selbst den Tod gegeben, da sie das Verbrechen, zu dem Manfred sie fortgerissen, nicht überleben konnte. Deswegen kann er sagen: Mein Herz brach das ihre. Nach den letzten Stellen sollte man vermuthen, Astarte habe sich den Dolch in das Herz gestoßen nach dem vollbrachten Frevel Manfred's, wenigstens möchten die Worte: Ich sah ihr Blut vergießen und konnt's nicht stillen, keine andere Auslegung zulassen. In der spätern Scene mit der Nemesis nennt Manfred die Astarte aber: Eine, die kein Grab bedeckt. Nach diesen Worten sollte man eher auf einen Tod in den Wellen schließen, was aber die obigen Worte anzunehmen verbieten. Oder sollte mit den Worten: „Eine ohne Grab," nur der Selbstmord Astarte's bezeichnet werden, der ein christlich Begräbniß verweigert wurde? Dann wäre freilich jede Schwierigkeit gehoben. Unzweifelhaft ist indessen der Sinn der Stelle nicht.

6) Er schrieb darüber an Murray, Venedig, den 15. Februar 1817 also: „Ich vergaß Ihnen zu sagen, daß eine Art von Gedicht in dialogischer Form, oder ein Drama, letzten Sommer in der Schweiz begonnen, vollendet ist. Es ist in drei Akten, aber von einer sehr wilden, metaphysischen, gar nicht anzugebenden Art. Fast alle Personen, außer zwei oder dreien, sind Geister der Erde, der Luft oder der Gewässer; die Scene ist in den Alpen; der Held eine Art von Zauberer, welcher von Gewissensbissen gequält wird, deren Natur halb unentwickelt bleibt."

Ferner heißt es in demselben Briefe: „Ich habe es wenigstens völlig unmöglich gemacht, das Werk auf die Bühne zu bringen, für welche ich seit meiner Verhandlung mit Drurylane die größte Verachtung habe." In einem anderen Briefe vom 6. März sagt er: „Ich schicke den dritten Akt von der Sorte eines dramatischen Gedichts. Das Ding, wie Sie auf den ersten Blick sehn werden, konnte niemals für die Bühne bestimmt, oder gedacht werden; ich verfaßte es wirklich mit einem Abscheu vor der Bühne und mit der Absicht, selbst den Gedanken daran unpraktikabel zu machen." In gleichem Sinne lesen wir ferner in dem Briefe vom 9. April: „Was Manfred betrifft, mögen Sie ihn ein Gedicht nennen, denn es ist kein Drama, und ich möchte es nicht mit einem so ver— Namen benannt haben — eine Dichtung in Dialog, eine Pantomime, oder wenn Sie wollen, irgend wie anders, nur nicht mit einem Coulissen-Synonym."

7) Die Worte Manfred's lauten:

„Gut oder Böse, Leben,
Macht, Leidenschaft, was ich an Andern seh',
Für mich war alles Regen nur auf Sand
Seit jener namenlosen Stunde! — Nichts schreckt mich,
Den Fluch nur fühl' ich, keine Furcht zu kennen,
Daß nie das Herz mir schlägt in Wunsch und Hoffen,
Noch Lieb' es fühlt für etwas auf der Erde!"

8) „Beim Fluch, der schwer auf meiner Seele liegt,
Bei dem Gedanken in mir und um mich
Beschwör' ich euch!

9) Der erste Geist sagt:
„Wir können dir nur geben, was wir haben,
Verlange Herrschaft, Unterthanen, Macht,
Des ganzen Erdballs, oder einen Theil,
Ein Zeichen, das die Elemente zwingt,
Die wir beherrschen, alle."

10) Man vergleiche nur die Worte Manfred's: Er sagt zum Geiste, der in der Gestalt eines schönen Weibes erscheint:
„O Gott! bist du kein Wahn,
Kein Spott, kein Trugbild, o so kann ich noch
Glückselig sein — ich fasse dich — laß uns —
(Die Gestalt verschwindet.)
Weh!
Mir bricht das Herz!"
(Manfred fällt besinnungslos zu Boden.)

11) Die Bemerkung Moore's über diesen Zaubergesang, welchen der Dichter, nach der Angabe der Londoner Ausgabe, ursprünglich in der Schweiz 1816 geschrieben hat, daß Byron bei Abfassung dieser Strophen an den letzten vergeblichen Versuch gedacht habe, sich mit seiner Gemahlin zu versöhnen, daß also die Erbitterung, welche diese Verse athmen, durch dieses Verhältniß hervorgerufen sei, hat schon Posgaru in dem gedachten Buche p. 182 als ganz unbegründet zurückgewiesen. Die subjective Veranlassung, durch welche dieser Zaubergesang etwa zuerst in Byron's Seele entstanden, ist übrigens zum Verständnisse des Gedichtes gleichgültig. Es kommt nur darauf an, ob diese Strophen zum Manfred in einem organischen Zusammenhange stehen.

12) In diesem Sinne sagt Manfred zur Alpenfee, als sie ihn auffordert, ihr Gehorsam zu schwören:

„Gehorchen! Wem? Den Geistern,
Die meines Winks gewärtig? Sclave derer,
Die mir gedient? Nimmer."

13) Von diesem Monologe, den Goethe (Werke 46, p. 212) von Unmuth und Lebensüberdruß überladen nennt, und welchen er allen Freunden der Declamation zur bedeutenden Uebung empfiehlt, hat derselbe bekanntlich eine größtentheils vortreffliche Uebersetzung gegeben.

14) Manfred sagt:

„Auf mir liegt eine Ruhe,
Ein wunderbarer Friede, den bis jetzt
Ich nimmermehr im Leben noch gekannt."

15) Manfred sagt zum Abt:

„Keiner Zukunft Marter
Kann je so arg den Selbstverdammten richten,
Als er sich selber."

16) Natürlich können die Worte Manfred's: Es ist zu spät den Sinn nicht haben, daß Manfred früher hätte durch die Kirche geholfen werden können. Der Abt kommt nur darum zu spät, weil er Manfred einen Frieden nicht geben kann, welchen derselbe sich allein durch sich selbst erarbeiten kann.

17) Dies faßt Manfred in die gewaltigen Worte zusammen, vor welchen die Geister alle, welche auf ihn eindringen, weichen:

„Geh zurück zur Hölle!
Du hast nicht über mich Gewalt, das fühl' ich!
Und mich besitzen wirst du nie, das weiß ich!
Was ich gethan, das ist gethan! die Marter
Trag' ich in mir, du kannst sie nicht vermehren.
Der Geist macht selber, der unsterbliche,

Vergeltung sich für sein verwerflich Denken,
Wie für das Gute; sein ist, wie der Ursprung
Des Bösen, so das End': er setzt sich selbst
Wie Raum, so Zeit. — Sein angeborner Sinn,
Wenn er abstreift die Sterblichkeit, entnimmt
Nicht Farbe mehr dem Strom der Außendinge.
Ihn reißen Lust und Leben mit sich fort,
Die nur sein Selbstbewußtsein sich gebar."

18) Bekanntlich ruht bis jetzt weder die Asche des großen Dichters in Westminster, noch ist das edle Sculpturwerk Thorwaldsen's, welches den Dichter darstellt, bis jetzt in Westminster zugelassen worden. Der Dechant von Westminster glaubte der Kirche diese Genugthuung schuldig zu sein, einen Mann von Westminster fern zu halten, welcher freilich nicht an die Gnadenspenden der Kirche glauben konnte. Der Geist der Geschichte und das Bewußtsein der gebildeten Britten hat indessen den Dichter längst den großen Männern seines Vaterlandes zugesellt.

Zum Verständniß des Goethe'schen Faust.

I. Theil.

1. Der Prolog im Himmel, seine große Bedeutung für die ganze Composition. Die tiefe Bedeutung der Wette zwischen dem Herrn und Mephistopheles. Die Perspective, welche dadurch für die ganze Tragödie eröffnet wird.

Bekanntlich hat Goethe den Prolog im Himmel später gedichtet, als das ursprüngliche Fragment Faust. Derselbe ist offenbar erwachsen aus dem tiefen poetischen Trieb, der ganzen Tragödie einen festen Halt zu geben, und die Knoten derselben sicher zu schürzen. Die Personen des Prologes

sind erstens der Herr, zweitens die Erzengel, drittens
Mephistopheles. Das bei weitem wichtigste Moment
des ganzen Prologes bildet natürlich die Wette zwischen
dem Herrn und Mephistopheles. Fassen wir die Bedeutung derselben zunächst in's Auge. Nachdem die Erzengel
zunächst Gott als Herrn und Schöpfer der Natur verherrlicht haben, erscheint auch Mephistopheles in diesem Kreise,
und kündigt sich sogleich durch den Ton des Hohnes, den
seine ganze Rede athmet, als ein durchaus negatives Geschöpf an. Er ergießt namentlich seinen Spott über das
Forschen des Faust. Ihm gegenüber bietet ihm nun der
Herr die Wette an, daß er ihm erlauben wolle, den Faust
seine Straße sachte zu führen, mit demselben frei zu schal-
ten, verkündigt ihm aber zugleich auch seine endliche Niederlage, indem er diesen Geist niemals völlig von seinem Urquell
abzuziehen vermögen werde. Der Herr spricht mit Zuversicht aus, daß der forschende und ringende Mensch, welchen
Faust repräsentirt, sich niemals völlig von ihm abwenden
werde und könne, sondern stets mit unsichtbaren Fäden an
ihn gebunden sei. Schon darin liegt also erstens die dem
Menschen von dem Herrn zugestandene Freiheit im Handeln
ausgesprochen, zugleich aber auch (und das ist das Wesentlichste) ist angedeutet, daß nicht Mephistopheles, sondern
der Herr die Wette gewinnen werde. Der Prolog eröffnet
also recht eigentlich die Perspective der Tragödie und verkündigt die endliche Erlösung des Faust und die Nichtigkeit
des Mephistopheles. Insofern nun der erste Theil des
Faust mit der scheinbaren Niederlage des Faust endigt, den
Mephistopheles als sein Opfer ergreift, so weissagt der
Prolog schon einen zweiten Theil des Faust mit Nothwendigkeit, in welchem der von den Banden des Mephistopheles umstrickte Faust erlöst wird und zu Gott zurück kehrt.
Die Dichtung eines zweiten Theils des Faust, dessen
Schlußstein nur die Niederlage des Mephisto und die end-
liche Erlösung des Faust bilden kann, ist also schon im

Prologe mit Nothwendigkeit gesetzt, der, wenn auch erst nach einer langen Reihe von Jahren wirklich erschienen, doch schon im Prologe gegründet ist. Derselbe ist also nicht etwa ein aus der Laune oder der zufälligen Gemüthsstimmung des Dichters erwachsenes Werk, sondern ein Product der tiefsten inneren Nothwendigkeit. Der Prolog verkündigt den endlichen Sieg des Herrn, der zweite Theil führt die Erlösung des Faust aus. Zugleich ist in diesem Prologe schon die Bedeutung des Mephisto angedeutet. Der Herr hat offenbar den Mephisto den Menschen zu unablässiger Anregung beigegeben, um sie nicht erschlaffen zu lassen; aber Mephisto hat im göttlichen Sinne nur die Bedeutung, unablässig die Kraft und die Thätigkeit der Menschen anzuregen, um unablässig überwunden zu werden. Der Herr spricht mit absoluter Zuversicht den endlichen Sieg des Guten über das Böse aus. Schon in dem Prologe hat also Mephistopheles nur eine negative Stellung gegen das Göttliche; er ist nur dazu bestimmt, die Thätigkeit der Menschen unablässig anzuregen und aufzustacheln, die Menschheit also vor der Erschlaffung zu bewahren. Dem Prologe würde also ohne einen zweiten Theil, der uns den erlösten Faust zeigt, die eigentliche Spitze fehlen, während er in seiner jetzigen Gestalt recht eigentlich prophetisch ist, weil er den endlichen Sieg des Geistes verkündet. Es ist ferner von großer Bedeutung, daß die Erzengel im Prologe nur Gott als Schöpfer, als Herrn des Himmels und der Erde preisen und verherrlichen, denn der eigentliche Boden für die Verherrlichung als Geist ist die Erde und auf ihr der ringende und strebende Mensch, der sich durch Irrthum und Abfall zur Wahrheit und zum Licht hindurcharbeitet. Die ganze Conception des Prologes ist eine, in jeder Beziehung großartige, welche die höchsten Erwartungen erregt, da er auf den endlichen Sieg des menschlichen Geistes, das heißt auf die Rückkehr des Menschen zu Gott hinweist. Der Prolog im Himmel ist mithin eine durch den Gedanken gesetzte Nothwendigkeit. Goethe hätte nicht etwa unterlassen können diesen Prolog zu dichten; seine Entstehung verdankt er nicht etwa nur einer dichterischen Laune, sondern der tiefsinnigsten Conception des Stoffes. Der Prolog im Himmel ist ein neuer Beweis, daß dasjenige, was bei einem großen Dichter aus dem Instinct seines Genies hervorgegangen ist, auch vor der Philosophie als in sich gerechtfertigt erscheint. Es war daher nicht ein zufälliger Akt, daß Goethe, nachdem er das Fragment „Faust" gedichtet hatte, später den „Prolog im Himmel" dichtete, sondern derselbe ist aus dem tiefen, unabweisbaren Bedürfniß entstanden, einen unverrückbaren Grundstein für das Ganze zu legen und zugleich eine Perspective für einen befriedigenden Abschluß des ganzen Stoffes zu eröffnen. So wird durch den Prolog auch das Wort erfüllt, daß wir mit bedächtiger Schnelle vom Himmel durch die Welt zur Hölle wandern, um von der Hölle uns wieder zum Himmel zurückzuwinden. Der freigewordene, der erlöste Mensch ist mithin das eigentliche Ziel der Tragödie, deren letzte Fäden im Prolog im Himmel geknüpft sind.

2. **Faust's Stimmung beim Beginn des ersten Monologes. Der Makrokosmus. Der Erdgeist. Seine Bedeutung, sein Wesen, sein Verschwinden. Wagner's Erscheinung. Sein Verhältniß zu Faust. Faust's Monolog. Seine Rückkehr zum Leben.**

In welcher Seelenstimmung eröffnet Faust den ersten Theil der Tragödie? Er spricht als Resultat aller seiner Anstrengungen und Mühen die Verzweiflung am Wissen aus; er hatte sich vergeblich in alle Fakultätswissenschaften hineingestürzt, er wollte wissen, was die Welt im Innersten zusammenhält, er wollte das Unendliche erfassen und begreifen. Als trostloses Resultat hatte er nur die Verzweiflung am Wissen gewonnen. Dies hatte er in die Worte zusammengefaßt: „Und sehe, daß wir Nichts wissen können." In Faust's Sinne war damit ausgedrückt, daß das Nichtwissen die Schranke der Menschheit, daß diese also dazu verurtheilt sei, das Unendliche nicht zu begreifen. Der Accent liegt hier auf „können", denn Faust will sagen: nicht der einzelne Mensch ist verurtheilt zum Nichtwissen, sondern die Menschheit als solche ist beschränkt. Da aber der unendliche Trieb nach Erkenntniß immer wieder hervorbricht, so kann sich auch jetzt Faust noch nicht mit der Verzweiflung am Wissen zufrieden geben. Er hat also noch einen Aufschwung genommen, um der Unwissenheit zu entfliehen, er hat sich der Magie ergeben:

„Ob ihm durch Geistes Kraft und Mund
Nicht manch Geheimniß würde kund."

Was soll ihm die Magie? durch sie will er unmittelbar in den Besitz des Unendlichen kommen. Die Vermittlung durch die Wissenschaft hatte ihn getäuscht: er hat vergeblich gerungen; jetzt will er unmittelbar wissen; die Magie soll das Medium werden, um das Leben zu erkennen. Aber die Magie trägt nothwendig die Verzweiflung am Wissen auf's Neue in sich. Weil Faust glaubt sich der Vermittlung entschlagen zu können und unmittelbar wissen will, darum muß auch die Verzweiflung in erhöhtem Maaße wiederkehren. Die Verzweiflung am Wissen ist also ein nothwendiges Resultat seiner Hingebung an die Magie, ein Resultat, welches ihn mit neuer Trostlosigkeit erfüllen muß. Faust erblickt nun zunächst das Zeichen des Makrokosmus. Der Makrokosmus aber ist die Natur im Großen und Ganzen gegenüber dem Menschengeiste. Der Geist der Natur erfüllt ihn mit wonnevollem Schauer, aber auch der Makrokosmus kann sich nur dem denkenden Geiste

öffnen. Auch der Geist der Natur verschließt sich dem un=
mittelbaren Wissenstrieb. Auch durch dies Zeichen
kann ihm kein Trost werden. Die Verzweiflung muß also
zurückkehren. Jetzt erblickt er im zweiten Stadium
seines Ringens nach Erkenntniß das Zeichen des Erd=
geistes. In ihm, meint er, werde sich ihm das Unend=
liche enthüllen. Faust ist im Augenblick in Wonne ver=
sunken. Der Erdgeist soll sich ihm offenbaren, dadurch
meint er das Unendliche zu begreifen. Der Erdgeist
enthüllt sich auch. Faust schreckt vor dieser Erscheinung
zusammen. Wer ist der Erdgeist? Offenbar der Geist,
insofern er sich in der Welt und in der Menschheit
offenbart. Der Erdgeist ist mithin das rastlos wirkende
Leben der Menschheit in der Geschichte, während der
Makrokosmus der Geist der Natur war. Während also
der Makrokosmus der Geist der Natur ist im Unterschiede
des menschlichen Geistes, ist vielmehr der Erdgeist
der Geist der Menschheit, insofern er sich in seiner ge=
schichtlichen Bewegung auf der Erde offenbart.
Darum darf sich auch der Erdgeist als der Gottheit
lebendiges Kleid bezeichnen. Der Unterschied zwischen
dem Makrokosmus und dem Erdgeist ist also ein
sehr bestimmter. Der Makrokosmus drückt den Naturgeist
aus in seinen Riesengliedern; der Erdgeist ist der
menschliche Geist, insofern er sich in seiner geschichtlichen
Bewegung offenbart, also gebunden an den geschichtlichen
Boden der Erde. Aber weder der Makrokosmus noch
der Erdgeist können sich dem ringenden Geiste unmittel=
bar offenbaren. Faust kann durch Magie weder in Besitz
des einen noch des andern kommen. Weder das Natur=
leben strömt auf Faust über, und erfüllt ihn, noch das
Leben des Erdgeistes. Der Erdgeist als der bewußte
Geist schleudert also den Faust, der unmittelbar in seinen
Besitz gelangen will, zurück in die Verzweiflung und erklärt
ihm, daß er nur den Geist begreife, dem er gleiche, daß er

also auch vergeblich ringe, sich in den Besitz des Erdgeistes oder des Geistes der Geschichte zu setzen. Diese vernichtende Erklärung des Erdgeistes hatte Faust in das Nichts zurückgeschleudert, die alte Verzweiflung war nur in erhöhtem Maaße zurückgekehrt. Faust's Seelenzustand war also um nichts gebessert worden. Die Erklärung des **Erdgeistes** hatte ihn nur der alten Trostlosigkeit auf's Neue überliefert. In dieser verzweiflungsvollen Stimmung wird er durch das Klopfen seines Famulus Wagner unterbrochen. Wer ist Wagner? und welchen Standpunkt vertritt derselbe dem Faust gegenüber? Um es mit einem Worte zu sagen: Wagner repräsentirt den Standpunkt des **endlichen Wissens**, welches nur in der Fülle aller endlichen Notizen und Kenntnisse seine Befriedigung findet, im Unterschiede des **begreifenden Erkennens**, welches wissen will, **was die Welt im Innersten zusammenhält**. Wagner's Standpunkt ist der Standpunkt der **rohen Empirie** mit der freiwilligen Verzichtung auf die Erkenntniß des Unendlichen. Wagner nennt daher nur die sich immer anhäufende empirische Kenntniß Wissen. Sein Streben geht als höchstes Ziel auf das Wissen des gesammten Umfangs der Empirien, er möchte **Alles** wissen. Wagner repräsentirt also das Wissen im Sinne des **Schlecht-Unendlichen**, welches sich nie erschöpfen läßt, sondern durch immer erneuerte Notizen vermehrt werden kann. Wagner kennt also auch den Schmerz: die Fülle des empirisch zu Wissenden verglichen mit der Kürze des Lebens, welche das empirische Wissen niemals erschöpfen kann. Wagner's Seele ist daher auch von jenem Zwiespalt und Widerspruche, in welchem Faust's Seele befangen ist, völlig frei. Faust will begreifen. Nur das **begreifende Wissen**, welches ihm die Natur und die Welt aufschließt und die innersten Lebensgesetze enthüllt, gilt ihm als Wissen, nur dies erscheint ihm als das einzig erstrebenswerthe Gut der Menschheit.

Wagner dagegen kennt nur **endliches Wissen**, welches sich ihm in der nie zu erschöpfenden Fülle von Notizen darstellt. Wagner kann daher nur bedauern, nicht in den Besitz alles endlichen Wissens zu kommen, weil die Zeit dazu zu kurz ist. Faust dagegen erkennt die Ohnmacht und Beschränktheit des **endlichen Wissens** vollkommen und nennt nur Wissen und Begreifen die **Erkenntniß des Unendlichen**. Nur Faust ist daher im wirklichen Zwiespalt mit sich; es ist der Zwiespalt des Geistes, welcher den erhabenen Eigensinn hat, **begreifen und erkennen** zu wollen, und zugleich fühlt, daß er nicht in den Besitz des Unendlichen gelangen kann und gelangt. Faust seinerseits vernichtet den Standpunkt Wagner's vollständig, weil er begreift, daß das roh empirische Wissen Nichts mit der Erkenntniß des Unendlichen gemein hat und den geistigen Menschen niemals befriedigen kann. Faust ist also gegen den Standpunkt Wagner's gehalten, um diesen Widerspruch und Zwiespalt **reicher als Wagner**. Wagner kann daher, von seinem Standpunkt aus, **niemals** in den Zwiespalt des **Faust** hineingerathen, weil er nur endliches Wissen, d. h. eine unendlich sich anhäufende Fülle von Notizen kennt. Wagner ist daher auch **unfähig**, den innern Zwiespalt Faust's zu begreifen. Die Verzweiflung des Faust bleibt ihm vielmehr ein Buch mit sieben Siegeln. Wagner ist daher auch sehr sinnreich vom Dichter zum Famulus des Faust gemacht worden, d. h. zum Diener, das Material herbeizuschaffen, welches der Geist erst befruchten muß. In Wagner ist die ganze Klasse philisterhafter Gelehrter personificirt worden, welche nur endliches Wissen, nur eine unendliche Fülle gelehrter Notizen kennen. Für Wagner giebt es daher auch keine Freude der Erkenntniß des denkenden Geistes, sondern nur die Befriedigung des äußerlichen Wissens. Alles hat daher bei Wagner den Charakter des Aeußerlichen. Auch sein Streben geht daher nicht sowohl auf eine innere Befrie=

digung des Geistes, als auf eine äußerliche Anerkennung des endlichen Wissens. Es ist ihm daher nicht um die Wahrheit und die Innerlichkeit des Begreifens, sondern nur um die Fülle des endlichen Wissens und die äußerliche Anerkennung desselben zu thun. Wagner versetzt sich daher auch wohl in den Geist der Zeiten, aber nicht um die Bedeutung und den Gehalt der verschiedenen Zeitalter zu erkennen und zu begreifen, sondern vielmehr um zu erfahren, wie wir es denn zuletzt herrlich weit gebracht, also sich mit der Eitelkeit des Wissens zu blähen. Wagner vermag daher auch niemals, die Menschheit in ihrer Entwickelung zu begreifen, denn das vermag nur der Geist, der den Gehalt der Zeiten in sich aufzunehmen und zu verstehen vermag. Eine Philosophie der Geschichte ist daher von Wagner's Standpunkt aus eine Unmöglichkeit. Wagner's letzter und höchster Zweck ist daher stets nur ein äußerlicher, welcher Nichts mit der begreifenden Erkenntniß gemein hat. Wagner sonnt sich daher auch nur in dem Gedanken, Vieles zu wissen, aber er kann niemals die höchste Befriedigung, Alles zu wissen, erreichen.

Faust, obgleich in unbefriedigter Sehnsucht, erkennen zu wollen, und in Zwiespalt mit sich selbst, steht doch in diesem Zwiespalt immer noch unendlich höher als Wagner, weil er die ganze Armseligkeit dieses endlichen Wissens erkennt. Um die Erkenntniß des armseligen endlichen Wissens ist Faust gerade um so viel reicher als Wagner, als Sokrates im Bewußtsein seines Nichtwissens reicher und weiser war, als die sich zu wissen einbildeten. Faust nennt daher sehr bezeichnend den Wagner, nachdem derselbe ihn verlassen hat, den ärmlichsten von allen Erdensöhnen. Um so viel höher aber auch der innere Zwiespalt und die Zerrissenheit des Faust steht, als Wagner's endliches Wissen, so muß doch im Faust, sobald er sich wieder allein befindet, der Zwiespalt und die Verzweiflung wieder im erhöhten Maaße ausbrechen. Auch der letzte Versuch, durch die Magie sich in Besitz des Unendlichen zu setzen, war gescheitert. Er mußte scheitern, weil Faust unmittelbar in den Besitz dessen kommen wollte, was sich nur der denkenden Erkenntniß aufschließt. Faust hatte mithin den ganzen Kreis aller Versuche, sich dem Nichtwissen zu entwinden, durchlaufen. Das Leben hatte mithin für ihn jeglichen Reiz eingebüßt. Welches Resultat dieses Prozesses war also natürlicher, als der volle Ekel und der Ueberdruß am Leben, welcher Entschluß also in seiner Seele nothwendiger als der: sich durch Selbstmord ein für allemal der Qual des Lebens zu entziehen? Dieser Gedanke, dem Leben den Rücken zu kehren, ist mithin für Faust, für welchen das Leben bisher nur insofern Reiz hatte, als es ihm das Reich des Unendlichen erschließen konnte, ein so naturgemäßer, daß jeder andere Ausweg als eine Unmöglichkeit erscheint. Das letzte Resultat einer vollständigen Verzweiflung am Wissen und Erkennen ist der Selbstmord. Aber indem Faust in dieser höchsten fieberhaften Aufregung die Schaale an den Mund setzt, um sich den Tod zu geben, vernimmt er den Chorgesang des Osterfestes in der Kirche. Er hört den Gesang von der Auferstehung Christi, er vernimmt also die Wahrheit von der Einheit der göttlichen und menschlichen Natur, von welcher die christliche Gemeinde erfüllt ist und welche sie im Osterfeste feiert. Hier vernimmt also Faust die Versöhnung des Endlichen und Unendlichen als eine gegenwärtige Thatsache. Diese Einheit der göttlichen und menschlichen Natur bildet aber auch die sittlich geistige Grundlage, auf welcher Faust selbst ruht, auf welcher er sich früher gläubig und in sich versöhnt gefunden hatte. Das Gefühl dieser von ihm einst gläubig und andächtig aufgenommenen Einheit der göttlichen und menschlichen Natur in Christus erwacht daher auch jetzt in ihrer ganzen ursprünglichen Stärke und hebt ihn über die Zerrissenheit hinweg, welcher er bereits anheimgefallen war. Faust schaut daher in den Chorgesängen des Osterfestes die ursprüngliche Einheit der göttlichen und menschlichen Natur, die er bereits eingebüßt hatte, als die lebendige Grundlage, auch seines Wesens gegenständlich an. Die lebendige Erinnerung an die Versöhnung des Endlichen und Unendlichen, die er als die eigentliche Grundlage seines Daseins empfindet, muß ihn daher der Verzweiflung entreißen und dem Leben wiedergeben. Dies erscheint in der Dichtung so, daß der bereits im Faust verlorene religiöse Standpunkt, die gläubige Hingebung der Jugend an die Einheit der göttlichen und menschlichen Natur in Christus mit der vollsten ursprünglichen Gewalt in ihm erwacht, ihn erweicht, und der Erde wiedergiebt. Faust hat also, indem er den Entschluß des Selbstmordes aufgiebt, den Muth des Lebens von Neuem gewonnen. Aus der Verzweiflung am Leben ist ihm durch die Anschauung der christlichen Erlösung ein neuer Lebensmuth erwachsen. Der erste Abschnitt der Tragödie, welcher uns den einsamen, verzweiflungsvollen Denker dem Leben wiedergegeben zeigt, freiwillig auf den Selbstmord verzichtend, ist vollendet. Den theoretischen Kampf hat Faust gewissermaßen überwunden. Er kann und will sich in das Leben selbst hinein wagen. Wir verlassen mithin mit diesem Abschnitt das einsame Studirzimmer, an welches wir bis jetzt gebunden waren und so lange gebunden sein mußten, als der Kampf und Zwiespalt nur noch der theoretische des Denkers war. Jetzt erst kann Faust das Studirzimmer verlassen, um in die Welt einzuschreiten, um sich dort die Versöhnung zu erobern, woran er wenigstens den Glauben wiedergewonnen hat.

3. Das erste Erscheinen des Mephistopheles im „Faust", sein Werden, seine Bedeutung und sein erster Abgang.

Die Erscheinung des Mephistopheles entwickelt sich bekanntlich aus der Hundsgestalt, welche Faust

mit sich nach Haus gebracht hatte. Die **thierische Gestalt** war absichtlich gewählt worden, um aus ihr den Mephisto werden zu lassen, um den Ursprung des Bösen aus
der **thierischen Natur** des Menschen zu zeigen. Denn
das Böse darf zunächst so aufgefaßt werden, daß es das
Thierische in uns ist, welches sich rebellisch dem
Göttlichen in uns widersetzt. Böse wird das Thierische erst dadurch, daß es sich in Kampf und Opposition mit
dem Göttlichen setzt. **Mephisto aber ist das selbstbewußte Böse.** Es hat also das Thierische zu seiner
Voraussetzung, aus welcher es entspringt und sich als
das selbstbewußte Böse entwickelt. Faust hatte den
Pudel, der hinter dem Ofen gebannt lag, vergeblich be-
schworen, das Beschwören hatte den Kern nicht enthüllt.
Erst als Faust dem Thiere das Zeichen des heiligen Kreuzes
entgegenhielt und das Böse als das von Christus schlechthin
und ein für allemal Ueberwundene bezeichnet hatte, hatte
sich **Mephistopheles** aus der Hundsgestalt als des Pu-
dels Kern enthüllt. Denn in seiner höchsten Form erscheint
das Böse nothwendig als das **selbstbewußte Böse**,
mithin in menschlicher Gestalt. Darum faßt sich
denn auch **Mephistopheles** sogleich bei seinem Erscheinen
als das selbstbewußte Böse auf. Es ist natürlich, daß
dasselbe sogleich bei seinem Erscheinen seine innerste Natur und Wesenheit ausspricht. So bezeichnet sich denn
**Mephisto als diejenige Kraft, welche zwar das Böse
auszuführen trachtet, welches sich aber immer in
das Gegentheil seiner selbst widerwillig verkehrt.** Mephisto sagt von sich:

„Ich bin ein Theil von jener Kraft,
Die stets das Böse will und stets das Gute schafft."

In dieser Bestimmung liegen folgende Momente: einmal,
daß sich **Mephistopheles** als das selbstbewußte Böse
ausspricht; zweitens, daß sein Wille und Werk sich unablässig in das Gegentheil verkehrt; drittens, daß also

Mephistopheles gegen seinen Willen zur Hervorbringung des Guten dient. Damit hängt zusammen, daß sich Mephistopheles als der Geist der Verneinung ausspricht. Denn jedes Entstehen setzt im Laufe der Zeit ein Vergehen voraus. Allem, was entsteht, haftet also die **Negation** an. Und weil ihm die Negation anhaftet, trägt alles Entstandene den Keim der Vernichtung in sich. Was daher **entsteht, ist werth, daß es zu Grunde geht**, d. h. die **Negation ist allem Entstandenen immanent**. Aber die Entstehung des Mephisto ist eine nothwendige. Das Licht selbst hat sich der Finsterniß gegenübergestellt, es erklärt also, der Finsterniß zu seiner Existenz zu bedürfen. Das erscheinende Licht ist an Körper gebunden. Der Trost des Mephisto ist, daß das Licht mit den Körpern zu Grunde geht. Aber Mephisto hat zugleich auch stets seine eigne Ohnmacht erfahren: er hat Meer und Land zu vernichten gesucht, dennoch aber ist es ihm nicht gelungen, sie zu vernichten; Alles hat sich immer wieder hergestellt, daß er also dem allgemeinen Leben niemals beikommen kann. In diesem Sinne faßt auch Faust den Mephisto auf und wirft ihm seine Ohnmacht vor, fortwährend gegen die schaffende Gewalt zu reagiren, ohne seinen Zweck zu erreichen. Weil Mephisto fühlt, daß Faust ihm die ewig schaffende Gewalt noch gegenüberstellt, so bittet er sich Entfernung aus. Er fühlt also sehr wohl, daß **Faust noch nicht reif genug ist**, ihn bei sich aufzunehmen und zu seinem Dienste zu verwenden. Nur diesen Sinn hat der Wunsch des Mephisto, sich für dieses Mal entfernen zu dürfen. So viel Faust auch bittet und vorstellt, Mephisto bleibt unerbittlich, weil er die Stätte für sich noch nicht geebnet findet. Nur ganz zuletzt läßt er sich herbei, seine Sinne einzuschläfern und durch die Seinen Faust die süßesten Bilder vorzugaukeln, denen derselbe erliegt. Faust, bewältigt von diesem süßen Taumel, welchen die Geister um ihn gebreitet haben, schläft ein. Mephisto weidet sich an dieser

Schwäche; sie ist ihm der Ausdruck der Ohnmacht des Faust. Aber Mephisto hatte zugleich auch die Ueberzeugung gewonnen, daß hier in Faust ein **günstiger Boden** für ihn sei. Darum verheißt er seine Wiederkunft, um dann stärkere Banden um ihn zu legen. Das **erste Erscheinen des Mephisto** ist und kann also nur von kurzer Dauer sein, aber es ist von unendlicher Bedeutung für den Fortgang der Tragödie. Aus der **Thiergestalt** hatte sich das **selbstbewußte Böse** entwickelt, dieses hatte sich in verzehrendem Grimm über seine immerwährende Ohnmacht im Kampfe mit dem allgemeinen Leben ausgesprochen. Mephisto hatte sich also schon hier als das Böse bezeichnet, welches widerwillig dem Guten dienen und sich in dasselbe verkehren müsse. Mephisto endlich hatte die Ueberzeugung gewonnen, daß wenn auch **Faust** noch nicht völlig reif sei, um mit diesem Gefährten einen Bund zu schließen, er doch hier die rechte Stätte für seine Thätigkeit finden würde. Damit ist also seine Wiederkehr gesichert. Die Bedeutung der ersten Begegnung zwischen **Faust** und **Mephisto** ist in sich abgeschlossen und das weitere Bündniß steht in Aussicht.

4. Der Pakt zwischen Mephistopheles und Faust.

Nachdem Mephistopheles zum Faust zurückgekehrt, entsteht zwischen Beiden der für die ganze Tragödie so entscheidende Pakt. Faust, nach Befriedigung ringend, will sich dieselbe durch Mephistopheles verschaffen, denn durch ihn hofft er zu dem so schmerzlich vermißten Gefühl der Befriedigung zu gelangen. — Mephistopheles verheißt seine Hülfe und verdingt sich zum Dienste des Faust. Faust seinerseits verspricht dem Mephistopheles anzugehören, wenn dieser ihm wirklich Befriedigung zu gewähren im Stande sei und sein ruheloses Ringen stillt. Wenn also Faust jemals dem Augenblicke Dauer zu verleihen und nicht mehr rastlos von Genuß zu Genuß fortzueilen wünschen würde, so wolle er dem Mephistopheles angehören. Die tiefe Ironie, die in dieser Wette liegt, darf nicht verkannt werden. Faust nämlich verdingt sich dem Mephistopheles unter der Bedingung, daß dieser ihm wirklich die ersehnte Befriedigung zu gewähren vermöge, und erklärt sich also so lange unabhängig von Mephistopheles, als dieser ihm keine Befriedigung zu gewähren vermöge. Würde aber Faust jemals eine wirkliche Befriedigung durch Mephistopheles erfahren, so würde er dem Wortverstande nach demselben angehören und ihm verfallen sein. Mit dem Momente aber, wo Faust diese ersehnte Befriedigung durch Mephistopheles erlangte, hätte er in der That sich von demselben frei gemacht, denn er kann dem Mephistopheles nur so lange angehören und zu eigen sein, als er rastlos, aber **vergeblich** nach Befriedigung ringt. Wenn also Mephistopheles dem Wortverstande nach die Wette gewonnen hätte, so würde er sie in der That verloren haben, da er über den wirklich befriedigten Faust keine Gewalt auszuüben vermag. Die dem Wortverstande nach durch Mephistopheles gewonnene Wette wäre also im absoluten Sinne eine verlorene Wette. Und also hat es der Dichter auch wirklich gemeint und verstanden wissen wollen. Im zweiten Theile des Faust ist der letztere in dem Augenblicke von den Banden des Mephistopheles frei, als er ausruft: „Verweile doch, du bist so schön!" also dem Augenblicke Dauer zu verleihen wünscht. Dieser Ausruf beweist, daß Faust in Wahrheit eine Befriedigung gewonnen und vom Mephistopheles erlöst worden ist. Faust geht im ersten Theil den Pakt mit Mephistopheles mit dem Bewußtsein ein, daß ihm derselbe niemals Befriedigung gewähren könne, er ist also überzeugt, daß ein solcher Augenblick niemals eintreten könne und werde. Im zweiten Theile erscheint derselbe aber grade in dem Augenblicke wahrhaft erlöst, wo er dem

Augenblicke Dauer zu verleihen wünscht und also innerlich befriedigt ist. Mephistopheles würde also nur dann die Wette gewinnen, wenn in Faust's Seele niemals das Gefühl der Befriedigung einkehren könnte und einkehren würde. In dem Pakt zwischen Faust und Mephistopheles ist also schon die tiefe Ironie angedeutet, daß der scheinbare Gewinn der Wette Seitens des Mephistopheles in der That der **Verlust** derselben ist, und umgekehrt, daß Faust die Wette in dem Augenblick wahrhaft gewinnt, wo er sie dem Wortverstande nach verliert.

Schiller's „Demetrius".

Der Demetrius ist uns von Schiller als Torso hinterlassen worden. Nur das Gerüst dieses Werkes haben wir vor uns; ausgeführt ist nur der kleinste Theil. Dieser „Demetrius" ist ein köstliches Vermächtniß des Dichters, nicht etwa als ob es seiner Ausführung von fremder Hand harrte, als ob ein Anderer bestimmt wäre, Hand anzulegen und es auszuführen, sondern weil wir in ihm ein hochpoetisches Denkmal erkennen, welches studirt, begriffen und als Grundstein für eine weitere Entwickelung der deutschen dramatischen Poesie benutzt werden soll. Der „Demetrius", um es gleich mit einem Wort zu sagen, ist berufen in Deutschland eine neue Aera für die **wahrhaft historische Tragödie** zu begründen!

Die Conception des „Demetrius" ist vielleicht die großartigste unter allen Kunstwerken des Dichters. Das Fragment ist von ewigem Werthe, sowohl durch die Größe der Auffassung und Anschauung des ganzen Baues, als durch die wenigen ausgeführten Theile, die uns der Dichter davon hinterlassen hat. Der „Demetrius" ist daher ganz dazu geeignet, den Schmerz über den frühen Tod Schiller's zu erhöhen, weil wir ihn in diesem Torso in der höchsten Kraft und Tiefe poetischer Entfaltung erblicken, eine Entfaltung, die von uns Epigonen dazu benutzt werden muß, uns einen neuen Quell dramatischen Fortschrittes zu eröffnen. Dies ist seine eigentliche Bestimmung für die folgenden Geschlechter.

Schon der Stoff des „Demetrius" kündigt sich als ein historisches Object von großartigen Dimensionen an. Wir haben einen geschichtlichen Kampf vor uns, in welchen ganze Nationen verflochten sind, einen Kampf, in welchem sich rein menschliche Interessen mit den geschichtlichen Gegensätzen so durchdringen, daß keines dieser Elemente von dem andern getrennt werden kann. Von Haus aus werden wir auf den historischen Boden versetzt und zwar auf einen vulkanischen, auf dem wir das Gefühl einer ungeheuren Spannung und Gährung haben, welche die Rinde desselben zu durchbrechen drohen. Und dieser Boden wird zugleich befruchtet durch die edelsten menschlichen Interessen, welche auf demselben erwachsen und mit den geschichtlichen Elementen verschmelzen.

Der „Demetrius" läßt uns den Unterschied in der Conception der früheren Tragödien Schiller's, in welchen ein geschichtlicher Stoff waltet, recht auffallend erkennen. In den früheren Tragödien von geschichtlichem Inhalt, wie in „Don Carlos", „Wallenstein", der „Jungfrau von Orleans" und selbst in „Maria Stuart" erscheint das geschichtliche Leben mehr nur als ein Mittel, um daran das Rein-Menschliche aufzuzeichnen und die menschlichen Charaktere sich daran entwickeln zu lassen. Von diesen Werken gilt das Wort Goethe's: „Der Dichter erweist geschichtlichen Charakteren die Ehre, sie für seine Anschauung zu verwenden und seine Ideen an ihnen und durch sie klar zu machen." Der Kampf, die Spannung, die Lösung der geschichtlichen Verhältnisse sind dabei das Nebensächliche, das Untergeordnete; sie erscheinen, verglichen mit der poetischen Entwicklung von Ideen, nur als Mittel, das Ewig=Menschliche zu schildern und dafür zu interessiren.

Im „Don Carlos" z. B. kam es dem Dichter einzig und allein darauf an, den Gegensatz und Kampf des **politischen und religiösen Despotismus** gegen die sich dagegen auflehnende **Freiheit des Gedankens und die freie Vernunft** darzustellen. Zum Zweck dieses großartigen Kampfes gruppirt der Dichter seine Charaktere in **zwei Massen**, von denen der eine Kreis den religiösen und politischen Despotismus, der andere die dagegen ankämpfende Freiheit vertritt. Die Hauptfiguren dieses letzten Kreises, wie **Marquis Posa, Don Carlos, und die Königin**, sind, obgleich die beiden letzteren einen hohen historischen Namen tragen, nur Geschöpfe der **freien Phantasie**, nur dazu bestimmt, die Ideen der **freien Selbstbestimmung** in Staat und Kirche gegen die Unterdrückung der Freiheit in diesem Gebiete zu offenbaren. Es ist daher ganz natürlich, daß der Dichter sich um die geschichtliche Wahrheit wenig kümmerte, und daß er selbst die geschichtlichen Charaktere wie König Philipp II., die bei weitem großartigste Figur des Werkes, nur zu Repräsentanten seiner Ideen machte. Selbst in „Wallenstein", der gegen den „Don Carlos" schon einen entschiedenen Fortschritt bildet, weil in ihm das **Menschliche** schon so viel reiner in das **Geschichtliche** hinein gearbeitet ist, ist ein solcher Reichthum philosophischen Gehaltes der Hauptperson in den Mund gelegt, daß wir mit demselben sehr oft den Helden des dreißigjährigen Krieges nicht vereinigen können, dagegen bricht in dem letzten dramatischen Werke Schiller's, im „Wilhelm Tell" das Geschichtliche schon in seiner vollen Reinheit und

Größe hervor; hier haben wir ein wirkliches Volksleben vor uns, hier athmen wir schweizerische Luft und das Ewig-Menschliche ist mit dem Geschichtlichen so eng verbunden, daß es sich von dem letzteren gar nicht mehr ablösen läßt.

Auf den Boden dieses Fortschrittes stellt sich Schiller in seinem „Demetrius". Zum Glück ist uns der erste Akt, die Exposition, fast ganz ausgearbeitet hinterlassen worden; durch ihn empfangen wir die Perspective auf das Ganze. Hier durchdringen sich das Menschliche, Geschichtliche und Nationale zu einem in sich völlig lebendigen Ganzen, in welchem man keines dieser Elemente von einander unterscheiden kann.

Ein kühner Jüngling, durch seine Geburt zum Thron berufen und berechtigt, ruft eine ihm stammverwandte Nation zur Unterstützung seines Rechtes auf, fordert von ihr, daß sie ihm den Thron der Väter wieder erringen solle, er spricht mit der edelsten Begeisterung von dieser Nation, einer Begeisterung, die ganz dazu geeignet ist, uns für den Heldenjüngling und sein Recht zu interessiren. Der Dichter führt den Demetrius mitten in den Schooß einer Nation, die sich in ihren Vertretern auf dem Reichstage vor uns offenbart. Mit kühn gestaltender Hand hat der Dichter diese Nation in ihrem ureigensten Charakter vor uns hingestellt. Alle Elemente der polnischen Nationalität: Wildheit, Kühnheit, Neigung zur Exaltation und zur Leichtgläubigkeit, energisches Wagen, alles dies zusammen enthüllt uns diese einzige Scene — eine wahrhaft wunderbare Conception! Diese führt uns nicht nur in die Handlung der Tragödie ein, sondern stellt uns auch mitten in die geistige Atmosphäre, mit welcher wir es in dieser Tragödie zu thun haben. Durch sie wird der Zuschauer zugleich in die tiefste Spannung versetzt; das Gefühl furchtbarer Kämpfe, denen er entgegengeführt werden soll, durchdringt ihn, und das Bewußtsein, an der Schwelle eines großen Verhängnisses zu stehen, erfüllt ihn. Diese Exposition schließt auch schon einen tragischen Sinn in sich; denn daß Demetrius sich an ein stammverwandtes, aber immer doch seiner Nationalität feindliches Volk wendet, um den Thron der Väter zu erringen, also dem Vaterland doch den Krieg zu bringen entschlossen ist, birgt zugleich mit dem Rechte eine unabwendbare Schuld in sich. Demetrius verfolgt einen hochberechtigten Zweck selbstbewußt; dieser Zweck ist der Thron, also ein hohes, erhabenes Ziel; eine Nation tritt für ihn in die Schranken. Aber diese Nation verfolgt in dieser Unterstützung ehrgeizige, selbstsüchtige Zwecke, zu deren Erreichung sie den Demetrius nur zum Mittel herabsetzt. Alles hat hier den Charakter großartiger Verhältnisse. Der Held Demetrius, die ihn tragende Nation, das Ziel, welches er erstrebt, der unvermeidliche Kampf, Alles ist in sich von wahrhaft tragischer Bedeutung, alle Elemente eines großen Geschickes sind heraufbeschworen, das rollende Rad des Verhängnisses ist in Bewegung gesetzt, das Piedestal einer wahrhaften Tragödie ist errichtet. Endlich ist diese durch die Exposition gestaltete Bewegung als eine in sich nothwendige und als eine solche gegeben, die nicht zurückgeschraubt, nicht in ein ruhiges Geleise zurückgeleitet werden kann, sondern uns vielmehr die Gewißheit giebt, daß eine blutige Lösung der einzige Ausgang dieser begonnenen Bewegung sein müsse.

Nach diesem großartigen Gemälde führt uns der Dichter aus der Bewegtheit der aufgeregten Massen in die Einsamkeit des Schmerzes. Wir sehen im tiefen Rußland eine Gestalt erscheinen, von welcher der Gram Besitz genommen, welche seit Jahren ihren Schmerz in das Herz gedrückt hat und gar nicht gewillt ist, sich in milderen Klängen zu ergießen, oder von der Zeit einen Trost zu empfangen. Diese Poesie des Leides zeigt uns der Dichter in der Gestalt der Marfa, der Mutter des Demetrius, welche die Trauer über den Tod ihres ermordeten Sohnes mit dem höchsten Adel des Geistes offenbart. Diesen mütterlichen

Kummer sieht Marfa als ihr Heiligthum an, aus welchem
sie niemals wieder heraustreten möchte, ja welches zu ver=
lassen sie als einen Frevel am Heiligsten ansehen würde.
Durch den Anblick der schmerzerfüllten Marfa haben wir
gewissermaßen die Kehrseite der stürmisch erregten Bewe=
gung der Exposition.

Während Marfa trostlos über ihrer Betrübniß brütet,
kündigen sich Gerüchte an von einem wieder auferstandenen
Demetrius. Diese Gerüchte finden an Marfa zuerst aller=
dings ein taubes Ohr. Doch die Kunde davon verdichtet
sich und wälzt sich unaufhaltbar gleichsam bis zu den Füßen
der Marfa fort. In diesem Seelenzustand trifft sie der
Erzbischof Hiob. Der Czar Boris hat ihn entsendet,
um in Marfa die Erbitterung über die Kunde, als ob De=
metrius noch lebe, zu erwecken, und dadurch in ihrer Ver=
werfung des ersonnenen Märchens die gewichtvollste Waffe
gegen diese gefährliche Kunde zu gewinnen. Aber diese
Sendung schlägt fehl. Sie verkehrt sich vielmehr in das
Gegentheil des Beabsichtigten. Die nur dem Harme hin=
gegebene, von dem Tode ihres Sohnes durchdrungene Mut=
ter richtet sich zur gläubigen Heroine, welche die Völker zur
Rache entflammt, majestätisch auf. Die Poesie des Schmer=
zes, in welcher Marfa aufgegangen war, schlägt in die
Poesie der Rache um, zu welcher sich Marfa erhebt. Die
beiden großen Gemälde, welche sich zu einer Totalität er=
gänzen, sind vollendet. Das gewaltige Gemälde des auf=
geregten Reichstages, auf große Kämpfe hinweisend, ist ab=
gelöst worden durch das Bild einer in Trauer und Schmer=
zen sich verzehrenden, trostlosen Mutter. Dieses letztere
Bild aber hat sich durch den kühnen Weheruf der Marfa
mit dem Elemente von Kampf und Völkerbewegung ver=
knüpft. Der tragische Conflict ist gewachsen. Das ewig
menschliche Pathos, das Muttergefühl, hat sich mit dem
Pathos des Nationalen verbunden. Wir sind berechtigt,
jetzt in den eigentlichen Kampf hineingerissen zu werden.

Dieser Kampf stellt sich nur in einigen großen Zügen dar, welche zugleich die Schrecken des Krieges verkündigen. Wir sind inmitten von Rußland. Unser Auge trifft auf vertriebene Bewohner, umherziehende und ruhelos wandernde Menschen, welche uns den siegreichen Fortschritt des eingedrungenen Feindes bekunden. Aber wir sehen auch zugleich das Vertrauen zum gegenwärtigen Herrscher Rußlands wanken, denn der Glaube an den wiederauferstandenen legitimen Monarchen fängt an Wurzel zu treiben. Wir sehen den Boden des gegenwärtigen Czaaren Boris unterhöhlt; Alles unter ihm gährt und zittert; ein Gefühl der Unsicherheit beginnt sich seiner zu bemächtigen. Und dies rührt daher, weil Boris selbst von dem Gefühl durchdrungen ist, nicht der angestammte Herrscher seines Volkes zu sein, nicht der Unterthanen, die er beherrscht, in Treue und Liebe gewiß zu sein. In dieser Unsicherheit wird er rathlos. Der sonst kühne Mann stellt sich nicht an die Spitze seines Heeres, um es dem Demetrius entgegen zu führen, sondern weilt in Moskau, weil er es nicht verlassen zu können glaubt, ohne hinter sich einen Aufbruch ausbrechen zu sehen. Boris erfährt jetzt schon das Strafgericht für die frevelhafte Art, durch welche er sich des Thrones bemächtigte, obgleich er seine Pflichten als Herrscher mit Treue und Gerechtigkeit geübt hat. Aber er ist mit seinem Volke durch das unsichtbare Band der Liebe und Treue nicht verbunden. Dieser Mangel muß sich in dem Augenblicke offenbaren, wo nur Liebe und Treue gegen die Gefahren von außen helfen können. Die Rathlosigkeit wird in Boris zu einer nothwendigen Folge seiner Unsicherheit. Er vermag die Fäden des Regimentes nicht mehr zusammen zu halten, sie entfallen seinen Händen. Aber dennoch kann er den Thron nicht aufgeben; weder sein Ehrgeiz noch sein Herrschergefühl lassen das zu; es hieße sich ohne Schwertstreich überliefern. Boris ist ein in sich gedrungener starrer Charakter, doch ohne eigentliche geistige Elasticität, ohne sittliche Würde; es liegt in ihm vielmehr etwas von der Energie eines orientalischen Despoten; seine Kraft, dem Schicksal Widerstand zu leisten, beschränkt sich nur auf die Kraft, sich selber zu vernichten, dies geschieht schweigend, ohne Mitwisser, ohne Zeugen; sein Selbstmord ist nur das Resultat der Ohnmacht, unter den ihn umstürmenden Verhältnissen sich nicht aufrecht erhalten zu können. Da sein Hintritt nicht ein sittliches Resultat hat, und keine sittliche Idee besiegelt, so geht er auch spurlos vorüber, sein Tod dient allein dazu, Demetrius seines stärksten Gegners zu entledigen.

Die Zeichnung des Boris ist von Schiller nur mit einigen Strichen angedeutet worden. Sie harrt ganz und gar der Ausführung des Dichters. Am Charakter des Boris kündigt sich daher bei der Bearbeitung des „Demetrius" sogleich die Ohnmacht an, in die Fußtapfen des großen Dichters zu treten. Boris würde unter der Hand der Bearbeiter des Fragments nur eine wüste Gestalt, die mit dem Gange der Dichtung in sehr losem Zusammenhang steht. Hätte Schiller bereits für Boris den Ton angeschlagen, so hätte ein Nachfolger wohl eine Zeit lang diesen Ton fortschwingen lassen können; aber da dem Bearbeiter die ganze Sorge der poetischen Gestaltung zufiel, so enthüllte sich gerade bei dieser Charakterzeichnung auch sogleich die ganze Unzulänglichkeit der Dichter, die uns mit dem ganzen „Demetrius" beschenken wollen. Bei Schiller bildet Boris gewissermaßen die künftige tragische Stimmung „des Demetrius" vor, indem wir den tapfern energischen Herrscher durch das Bewußtsein, nicht rechtmäßig den Thron erworben zu haben, im Kampfe mit dem, in seinen Augen rechtmäßigen Thronerben unsicher und ratlos werden sehen. Schiller hat sich den Boris wortkarg, entschieden, gebietend gedacht, dem vor der Vernichtung graut, der aber sein Vorgefühl des Untergangs durch aufblitzende Kraft verleugnen will, durch welche er auf Augenblicke sich zu übertäuben sucht. Auf eine solche Charakterzeichnung hat es Schiller beim Boris abgesehen. Daß er sich schweigend in Einsamkeit den Tod giebt, ist ein Ausdruck zugleich von Energie und von Schwäche: von Energie, insofern er den Wechsel des Schicksals nicht überleben, sondern freiwillig von seiner Herrschergröße scheiden will; von Schwäche, indem er die Willenskraft eingebüßt hat, selbst um seine Krone zu kämpfen. In der allgemeinen Verwirrung, die durch Boris' Selbstmord eingetreten ist, indem noch Niemand den Thron rechtmäßig inne hat, — denn auch Demetrius kämpft noch darum, — zeigt uns der Dichter, zwar nur vorübergehend, die Gestalt eines Mannes, in welchem sich die Perspective einer geordneten Zukunft und eine Versöhnung der kämpfenden Elemente ankündigt. Es ist Romanow, der Stammhalter des jetzt noch regierenden Hauses, der freiwillig dem Sohne des Czaaren, Feodor, den Eid der Treue leistet und durch eine Leidenschaft für Axinia, Boris' Tochter, zum Schützer des Thrones geworden ist. Uneigennützigkeit, freie Hingebung an die bisherige Herrscherfamilie und eine edle Liebe für des Czaaren Tochter, welche diese erwiedert, zeigen ihn als den Mann der Zukunft, der durch alle die genannten Momente zum Ordner des Reiches berufen ist; die Gestalt ist zwar nur vorübergehend, aber sie wirkt, was sie wirken soll, auf eine endliche Versöhnung, auf eine neue Ordnung der Dinge hin, ungefähr wie das vorübergehende Erscheinen des Fortinbras im „Hamlet" in ihm den Mann der Zukunft ankündigt. Die Gestalt konnte im „Demetrius" nur hier auftreten, wo nach Boris' Tode noch Alles in Frage gestellt ist.

Der Siegeswagen des Demetrius rollt indessen unaufhaltsam weiter. Die Truppen fallen ihm zu, wie die Städte, der Thron scheint ihm ganz gesichert. Der legitime Herrscher macht sich aber auch seines Rechtes durch persönliche, echte Herrschergaben würdig. Züge von Leutseligkeit,

Liebenswürdigkeit, Abneigung vor Servilismus, Liebe zum echt Menschlichen, welche erst hier ihre poetische Bedeutung haben, weisen darauf hin, daß er den Thron sowohl durch Abstammung, als durch persönliche Größe gleich würdig zu besteigen berufen ist. — Es ist tief tragischer Natur, daß sich hier, auf der Höhe des Glückes, wo der Abgrund, an dem Demetrius noch immer stand, sich gänzlich geschlossen zu haben scheint, die furchtbare Katastrophe entwickelt. Sie erscheint wie ein an den Pforten des Glücks lauernder Feind, der ungesehen einschleicht in dem Augenblicke, als sich diese Pforten schließen, um Demetrius aufzunehmen.

Daß diese Katastrophe, oder eigentlich dieser Wendepunkt, gerade hier eintritt, ist ein Zug von tiefster Conception, ein Zug, in welchem sich die Lehre der dramatisch wirkenden Contraste und der tragischen Ironie bestätigt. Der Ort, wo sich diese Katastrophe begiebt, ist Tula; das Organ, durch welches sich der tragische Knoten schürzt, ein sonst unbedeutender Mensch, nur zum Werkzeug ersehen, die Katastrophe herbeizuführen. Ein Russe, welcher den echten Demetrius wirklich ermordet und von Boris dafür vergeblich seinen Lohn gefordert hat, drängt sich hier, wo Russen ihren neuen Herrscher begrüßen, zum Demetrius, um von ihm den früher verweigerten Lohn zu erhalten, da er aus Rache gegen Boris den jungen Demetrius zum Werkzeug ersehen und mit der größten Sorgfalt, der raffinirtesten Schlauheit erzogen, und nachdem Alles reif war, als den echten Demetrius hingestellt hat. Ein furchtbarer Augenblick für Demetrius! Der arglos seiner echten Abstammung vertrauende Heldenjüngling erkennt sich plötzlich als **betrogener Betrüger!** Ein Sturm der entgegengesetztesten Empfindungen ergreift ihn. Zuerst starrt er in eine Oede, dann erwacht er zum Bewußtsein, daß die für seine ganze Existenz gefährlichste Person der Russe sei, der ihm die Wahrheit seiner Unechtheit enthüllte. Sein Tod birgt für immer das Geheimniß! Der Lebende kann

ihn vernichten, der Todte befestigt auf immer seinen
Thron. Die im Gefühl seiner unendlichen Wichtigkeit von
den Mördern mit Ungestüm und Brutalität gemachte Forderung seines Lohnes vollendet den Entschluß des Demetrius, diesen Menschen zu tödten. Demetrius vollzieht
keinen kalten vorausbedachten Mord, sondern er vollbringt
das für seine ganze Existenz Nothwendige, indem die
brutale Verletzung, die der Herrscher erfährt, jedes
Schwanken in Demetrius aufhebt und die That herbeiführt.
Daß Schiller den Demetrius nicht unmittelbar nach der
Enthüllung, also nur durch das Motiv der Selbster-
haltung getrieben, die That der Vernichtung an jenem
Russen vollziehen läßt, ist tief und echt künstlerisch gedacht.
Demetrius That erhielte sonst den Charakter eines nur aus
Selbstsucht vollbrachten Mordes; erst die subjective Leiden-
schaft, welche durch dieses Russen fatales Drängen und
Fordern entflammt wird, in welchem Demetrius gleichsam
sein künftiges Schicksal erblickt, treibt ihn zum Handeln.
Dadurch erscheint die kalte, grausame Nothwendigkeit nicht
als der letzte und einzig entscheidende Beweggrund der
That.

Durch Nichts hat Schiller vielleicht seine tragische Kunst mehr bewiesen, als durch die Conception der
Katastrophe im „Demetrius". Formell genommen, standen
dem Dichter für die Entwickelung seines „Demetrius"
drei Wege offen. Entweder konnte er den Demetrius zum
bewußten Betrüger machen, der, von seiner unechten Abstammung überzeugt, nur aus Ehrgeiz den Thron erstrebt.
Oder der Dichter zeigt uns im Demetrius den wahrhaft
echten Nachkommen Iwan's, welcher sein Recht zurück-
fordert und mit Hülfe Polens wirklich zurückerobert. Endlich blieb ihm der Ausweg, den er wirklich eingeschlagen
hat: er macht den Demetrius zu einem betrogenen
Betrüger, der, voll Glauben und Zuversicht auf seine
Legitimität, Alles daran setzt, den Thron der Väter zurück-

zuerobern, aber auf der Höhe seines Sieges über die Täuschung belehrt wird, in welcher er sich über seine Abstammung befindet.

Der bewußte Betrüger Demetrius konnte niemals Held einer Tragödie werden, weil ihm jede Grundlage eines Rechtes fehlt, weil die Selbstsucht allein ihn zu diesem Betruge getrieben, weil durch seinen Sieg nur das Verbrechen triumphirt hätte. Weder sein Sieg noch sein Untergang bot ein poetisches Interesse dar. Der letztere war nicht tragisch, weil er nur der Untergang eines Nichtswürdigen war, der für den Zuschauer auch nicht die geringste Erhebung in sich schloß. Selbst seine im Verlauf der Tragödie sich etwa enthüllenden Herrschertugenden hätten ihn nicht interessanter, nicht tragischer gemacht, denn der Zuschauer würde alle diese Züge für Erdichtungen und die Gesinnung für Phrase halten, weil er Edles, Hochherziges einem Manne niemals zutrauen könnte, dessen ganzes Thun auf der Grundlage eines Verbrechens ruht, weil der Zuschauer also in seinen Handlungen immer nur die Fortsetzung der ersten Lüge erblicken würde. Ein solcher Demetrius war also tragisch durchaus unbrauchbar.

Aber auch der Gegensatz des Betrügers Demetrius, der echte, legitime, wunderbar erhaltene Demetrius war als tragischer Held unbrauchbar. Wie bei dem ersten der Schatten, der auf denselben fiel, zu stark, zu dicht war, so war umgekehrt das Licht, das der echte Demetrius ausstrahlte, zu grell, zu blendend. Daher fehlt ihm das tragische Interesse, welches eine Schuld fordert. Sein Untergang wäre also ebenfalls nicht tragisch gewesen, weil er uns nur schmerzlich berührt hätte. Der Untergang des echten Demetrius, welcher nur sein Recht will, wäre nicht in der sittlichen Weltordnung begründet gewesen, weil er, in dieser trostlosen Verwirrung, uns durchaus keine Aussicht auf eine Versöhnung der

Elemente eröffnete, sondern in seinem Tode, gleichviel ob auf dem Schlachtfelde, oder von der Hand eines Mörders, uns gar keine Perspective für eine beruhigende Zukunft zeigte. Der Untergang des echten Demetrius hätte also immer nur durch einen rohen Zufall erfolgen können, der Nichts gesühnt, Nichts auferbaut hätte. Er hätte uns nur in eine unbestimmte Zukunft gewiesen, auf eine Versöhnung am Ende aller Tage, während eine wahrhafte Tragödie die Lösung der Räthsel von der Tragödie selbst fordert und sich nicht auf ein Jenseits verweisen läßt.

Tragisch brauchbar war also nur der betrogene Betrüger Demetrius. Er schließt Recht und Schuld in sich und erzeugt allein die eigentlich tragische Stimmung. Wir können an dem Untergange eines Helden Antheil nehmen, gegen welchen das verletzte Recht zurückschlägt; wir werden durch seinen Tod nicht an der sittlichen Weltordnung irre; er bietet uns im Gegentheil die Aussicht auf eine neue Ordnung der Dinge, da die Träger der alten Ordnung durch ihre Schuld aufgerieben werden sind. Der betrogene Betrüger allein vereinigt alle Bedingungen zu einem tragischen Helden. Und wie hat uns der Dichter diesen tragischen Helden gestaltet, was hat er gethan, um ihm unsere Sympathie zuzuwenden?

Ein kühner Heldenjüngling, von seinem Rechte auf den Thron Rußlands erfüllt, von einer Nation in diesem Glauben bestärkt, ausgestattet mit allen Vorzügen der Tapferkeit, der Liebenswürdigkeit und edler Gesinnung, auf dem Thron auch das zu sein, wozu ihn die Geburt berufen hat, durch das Glück getragen und darin eine Besiegelung seines Rechtes erblickend, erkennt sich schließlich, fast schon am Ziele, als ein über seine Abstammung Getäuschter. Was thun? An den Stufen des Thrones umkehren und sich in Niedrigkeit verlieren, um sich dem Tode zu entziehen, der ihn unfehlbar treffen würde, wenn er irgend eine hervorragende Stellung einnehmen wollte?

Dieser Mann hat bereits den Genuß des Herrschens gekostet, sich in die Träume unumschränkter Herrschaft eingewiegt, nicht ohne von der Größe seines Berufes und von dem Willen erfüllt zu sein, ihn auszufüllen; dieser Mann kann unmöglich in dem Augenblick, wo alle Schranken fallen, welche ihn noch vom Throne trennen, entsagen und in die Dunkelheit zurücktreten! Und wenn er es wollte, wo ist der legitime, unbestrittene Herrscher, dem er sein Schwert zur Vertheidigung seiner Rechte anbieten könnte?! Alles ist ja in Frage gestellt. Zurücktreten hieße also sich vernichten, moralisch wie physisch, sich zu Grunde richten. Seine Erfolge waren durch den Glauben an die Echtheit seiner Abstammung bedingt, warum nicht ferner diesen Glauben um jeden Preis aufrecht erhalten, da der Mund des Einzigen geschlossen ist, der ihn verrathen könnte? Er fühlte, daß er trotz seiner Unechtheit sein Herrscheramt nicht minder gut und edel verwalten werde. Nur ein Schwächling könnte vor dem Entschluß zurückbeben, seine Rolle fortzusetzen, und Glanz, Größe, Macht und Herrschaft wie ein Spielwerk wegwerfen. Der Entschluß also, auch nach der Entdeckung seiner Abkunft in seiner Stellung zu verharren, ist psychologisch so nothwendig, daß das Gegentheil mit seiner ganzen bisherigen Entwicklung, ja, mit seiner ganzen Persönlichkeit im Widerspruch stände. Demetrius hat mit diesem Augenblick freilich für sich den Boden seines historischen Rechtes, seine objective Grundlage zum Herrscherthum eingebüßt, aber er hat noch immer das Recht des Helden behalten, der sich eine Welt schaffen und bewahren kann. Großartiger kann eine tragische Collision gar nicht gedacht werden, nothwendiger ist niemals eine Entscheidung getroffen worden. Würde ihm die Enthüllung seiner Unechtheit im Augenblick gekommen sein, wo er sich an die

Spitze stellen will, um seinen Thron zu erobern, so wäre eine **Resignation** noch möglich gewesen, ja sie hätte sogar den Charakter der **Größe** gehabt; jetzt, nachdem er sich seiner Aufgabe gewachsen erfunden, wo er sich als Held gezeigt hat, jetzt wäre seine **Resignation** das Eingeständniß der **Kleinheit**, der **Feigheit**, der **Alltäglichkeit** und mit seiner Vergangenheit im vollsten Widerspruche gewesen. Es bleibt dem Demetrius also nur Heroenrecht übrig. Darauf stützt er sich. In dieser Entscheidung sind **Recht und Schuld unauflöslich** an einander gekettet. Und darauf beruht die **künstlerische Weihe** dieser Katastrophe. Sie ist darum so reiner und **künstlerischer Art**, weil sie das **Anders sein können** ausschließt. So tief innerlicher Art die ganze Katastrophe selbst ist im Demetrius, so innerlicher Art ist auch ihre nächste Wirkung. Auch unmittelbar nach der Enthüllung, welche dem Demetrius geworden ist, setzt sich sein Glück noch fort. Er zieht triumphirend in Moskau ein, und die Gefangennehmung Feodor's und Aginiens krönt das Werk. Aber die Katastrophe wirkt im Innern fort. Sie äußert sich zunächst darin, daß Demetrius jede heroische **Ruhe, Siegeszuversicht, Freiheit des Handelns** eingebüßt hat. Demetrius muß vor Allem eine Zusammenkunft mit Marfa erstreben. Aus der Berührung mit ihr, aus der Mutterliebe, deren er gewiß zu sein glaubt, will er neue Kraft, neue Nahrung für sein Unternehmen schöpfen! Also nichts folgerichtiger und nothwendiger, als die Zusammenkunft mit Marfa. So tief innerlich Schiller im Anfang uns den Schmerz der Marfa über den Verlust des Sohnes gezeichnet hat, so wenig die Zeit über die Intensität des Schmerzes vermocht hat, weil er aus der **Tiefe** einer noch ganz ungebrochenen weiblichen Natur stammte, so **instinktiv** ist zugleich die Kraft der Mutterliebe, wir möchten sagen, so **elementarisch** äußert sie sich. Schon die Zeit hindurch, in welcher

Marfa, nach der Kunde von dem wiedergewonnenen Sohne bis zu dieser **ersten Zusammenkunft**, sich selbst überlassen gewesen ist, hat die **Freude** über das wiedergewonnene Gut nicht nur keine Fortschritte gemacht, sondern an **Intensität** verloren. Marfa fühlt ihr Herz diesem Sohne **nicht** mächtig entgegenschlagen und aus diesem Seelenzustand schöpft sie das erste Mißtrauen gegen die **Wahrheit** dieser ihr gewordenen Entdeckung. Ihre Reflexion, mit welcher sie sich in frühere Zeit versetzt und die ganze Katastrophe der Rettung ihres Sohnes begleitet, wirkt **erkältend** auf sie, so daß sie dieser Zusammenkunft sich durchaus nicht entgegensehnt, ja sie eher fürchtet. Es ist eben so tief als wahr vom Dichter gedacht, daß er der so **intensiv** gezeichneten Mutterliebe auch einen gleich **intensiven Instinkt** für die **Wahrheit** ihrer Empfindung gegeben hat. Der ungeheueren Gewalt eines Schmerzes, der der Zeit trotzt, steht eine gleich große Kraft des **Instinktes** über die Echtheit oder Unechtheit dieses Sohnes zur Seite.

Demetrius, über die Lüge seiner Abstammung vollständig belehrt, geht natürlich dieser Zusammenkunft mit peinlicher Empfindung entgegen. Seine Beredsamkeit soll Marfa fortreißen und überwinden. Welch ein Gewicht **Schiller** auf diese Zusammenkunft des **Demetrius** mit Marfa gelegt hat, beweist, daß er hier, das einzige Mal, nach der ersten Hälfte des **zweiten** Aktes einige Gedanken und Empfindungen, welche die Personen bewegen, denselben in den Mund gelegt hat, um sie später noch **künstlerischer** auszuarbeiten.

Man sieht daraus, wie großartig unter **Schiller's** bildender Hand diese Begegnung zwischen **Marfa** und **Demetrius** geworden wäre. Die erste Berührung Beider vollendet die Gewißheit Marfa's, daß sich ihr Instinkt nicht betrogen. Auch **Demetrius** wird von diesem Blicke, dieser ersten Begegnung eisig angewebt! Ihm bleibt also nur zu versuchen, was die Kraft der **Beredsamkeit** an

Marfa vermag. Er fühlt es, wie vergeblich es sein würde, sie zum Glauben bewegen zu wollen, sie sei wirklich seine Mutter, wie sehr solcher Versuch das Gegentheil bewirken würde. Marfa würde diesem Streben eine unerbittliche Kälte ihres Unglaubens entgegengesetzt haben. Demetrius kann also die Waffen der Beredsamkeit nur aus der **Gefahr und der Gewichtigkeit** seiner Stellung entnehmen, um Marfa wenigstens dazu fortzureißen, ihre Verleugnung seiner nicht bis zum Aeußersten fortzusetzen. Demetrius hängt Gewicht an Gewicht, er übertäubt Marfa durch den Gedanken, in ihm die Stärke **pietätsvoller Liebe** wie vom echten Sohn zu finden, in ihm gleichsam den Ersatz für den unwiederbringlich Verlorenen zu erblicken. Demetrius schöpft seine Beredsamkeit aus der Größe und dem Gewichte der Situation; er **heuchelt nicht**. Die hervorbrechenden Thränen Marfa's sind die unvermeidliche Wirkung der sie bestürmenden Erinnerung an den echten Sohn, und der Ausdruck des tiefsten Schmerzes, nur einen Schatten, statt der Wirklichkeit zu umarmen. Aber die **Thränen** sind zugleich der Schein, welcher vor der Welt das heilige Pietätsverhältniß besiegelt: so zeigt er sich, so die Mutter dem Volke. Der Akt der Beglaubigung seiner Echtheit durch die Mutter ist vollendet. Demetrius scheint in sich erstarkt und seine natürliche Grundlage wiedergewonnen zu haben.

Aber diese, vor dem Volke für den Augenblick scheinbar proklamirte Einheit von Mutter und Sohn ist keine **Wahrheit**. Jeder von Beiden fühlt sich dem Andern **fremd**. Der Fortgang der Handlung kann diese Kluft nur weiter reißen. Demetrius, welcher sich nur noch auf das Heroenrecht stützt, fühlt mit jedem Schritte, den er thut, mehr und mehr, daß ihm seine natürliche Grundlage entzogen werde. Bei einer ursprünglich so edlen Natur muß die Heuchelei, zu welcher er jetzt verurtheilt ist, der Zwiespalt, in welchen er sich jetzt geworfen fühlt, nach Innen zurückschlagen. **Demetrius** wird daher finster, mißtrauisch, unsicher in sich selbst, die äußeren Ehren gebieterisch fordernd, Vernachlässigung derselben bestrafend, weil er durch den äußeren Apparat des Ceremoniells das ihm fehlende Moment ersetzen will. So neigt **Demetrius** zum **Despotismus**, der seiner Natur eigentlich fremd ist. Die Tiefe der Conception beruht darauf, daß Demetrius in dieser innern Unruhe, Unsicherheit, in dem ihn peinigenden Mißtrauen sein eignes **Strafgericht** für die **Schuld** erfährt, die er auf sich genommen hat. Nicht der später ihn ereilende Untergang ist seine Strafe, es wird darin vielmehr nur vollzogen, was mit seiner **Schuld** schon gesetzt ist. Seine mit dem Augenblick der Heuchelei beginnende innere Unruhe, Unsicherheit und Entmuthigung ist das eigentliche, wahre Strafgericht, die wahrhaft tragische Nemesis. Alles Andere, was noch hinzutritt, ist secundärer Art. Wir rechnen dahin seine ohne Liebe mit der kalten, ehrgeizigen und herrschsüchtigen Polin **Marina** geschlossene Ehe, nur weil ihm damals mit dieser eine mächtige Unterstützung zugesagt ward. In **Demetrius'** Herzen hatte sich indessen eine Leidenschaft für **Axinia** entzündet, welche aber in **Demetrius** nur den Urheber des Unterganges ihres Vaters verabscheut. Dadurch erweitert sich der Kampf und Zwiespalt in **Demetrius'** Gemüth immer mehr; man fühlt darin seine Auflösung vor.

Es ist noch als ein tief tragischer Zug **Schiller's** hervorzuheben, daß er die edle unglückliche **Axinia** durch den ihr von der Czarin **Marina** gereichten Giftbecher sterben läßt. Ihr Leben ist völlig freudlos geworden; sie ergriff den ihr von der herzlosen Feindin dargebotenen Giftbecher mit Freuden, weil er sie von einem trostlosen Dasein befreit. Man sieht, daß der Dichter Schritt vor Schritt darauf hinarbeitet, den Untergang des ganzen schuldigen Geschlechtes herbeizuführen.

Wie **Schiller** schon früher in der Gestalt des
Romanow die Perspective auf ein versöhnendes Element
eröffnet hatte, so erneuert er dieselbe jetzt, kurz vor dem
Untergang des **Demetrius** wieder, indem er den im
Gefängniß befindlichen Romanow dem Zuschauer vorführt
und ihn durch die verklärte Gestalt Axiniens trösten läßt.
Darin soll die neue geschichtliche Zukunft Rußlands vorge-
bildet sein, welche sich aus der Asche des untergegangenen
Geschlechtes erhebt. Die Art und Weise, wie **Schiller** nun
den unvermeidlichen Untergang des Demetrius herbeiführt,
ist durchaus im Geiste der ganzen Dichtung und höchst tragisch. Da **Demetrius** überhaupt auf vulkanischem
Boden steht, so kann er auch nur durch die Eruption dieses
Vulkanes vernichtet werden. Darin vereinigen sich beide
Momente, welche einander in die Hände arbeiten, die **natürliche Reaktion des russischen Elementes** gegen
das **übermüthige polnische** Element, welches sich
als Sieger hochmüthig benimmt. Dieser Rückschlag des
Russischen, also des **Nationalen**, gegen das **Polnische**, also Nicht-Nationale, tritt in der durch **Schuis-
koi**, einen echten Russen, organisirten Verschwörung hervor.
Dieser Rückschlag gegen **Demetrius** arbeitet zugleich
der Enthüllung seiner Unechtheit in die Hände. Man sieht
aus der ganzen Anlage des Dichters, daß, hätte **Demetrius** dem Volke gegenüber sich als den wahrhaftigen
Demetrius darstellen können, so wäre er noch im Stande
gewesen, die Verschwörung niederzuschlagen und sich auf
dem Throne zu erhalten. Aber jetzt offenbart sich die vor
dem Volke gefeierte Einheit der Herzen zwischen Mutter und
Sohn als ein nur künstlich durch **Demetrius'** Beredsamkeit gesponnenes Gewebe. Die in den Palast eindrin-
genden Verschwörer fordern, **daß Marfa das Kreuz
auf die Echtheit des Demetrius küsse.** Ein
religiöser Akt soll seine Echtheit besiegeln. Dieser
Zug vollendet wie das Bild der **Marfa**, so den Unter-

gang des Demetrius, der, nachdem ihm der natürliche Grund seines Rechtes, seine echte Abstammung, von dem Volke entzogen worden ist, an diesem Mangel zu Grunde geht, gegen welches auch sein Heroenrecht leicht wiegt. Die tiefe Religiosität Marfa's ist die Klippe, an der die Lüge scheitert. Alles hat an Marfa, dieser wunderbaren tiefen Natur, den Charakter höchster Intensität: der Schmerz, der Instinkt des Muttergefühls, die Religiosität. An der letzteren bricht die sich so lange kühn festgehaltene Lüge, wie an dem tiefen mütterlichen Instinkt die Zuversicht und die unerschütterliche Ueberzeugung des Demetrius von der Echtheit seiner Abstammung. Durch diesen Sieg intensivster Religiosität gegen jede andere Rücksicht empfängt der Untergang des Demetrius tiefe, tragische Bedeutung. Marfa stellt sich gleichsam ganz in den Umkreis der Schuld des Demetrius und vernichtet die Schuld seiner Lüge von innen heraus, denn sie wendet sich, so zu sagen, um Gottes willen von der Lüge ab, welche um einen, wenn auch noch so erhabenen irdischen Zweck begangen war. Der Untergang des Demetrius ist daher nicht nur an sich tragisch, wie jeder durch die Schuld eines Helden gesetzte Untergang, sondern auch noch durch die Art desselben, weil sich in diesem Akt die höhere göttliche Macht im Menschen offenbart. Wir haben in der ganzen deutschen dramatischen Literatur keine Gestalt, in welcher sich das Pathos der Mutterliebe in einer so großartig einfachen Architektonik ausprägt wie in Marfa, einer Gestalt, ehern, schmucklos, verschlossen, mit dem Leben nur noch durch den tiefen Schmerz verbunden, den sie als ihr einziges Kleinod an sich drückt.

Nachdem wir das tragische Gemälde des Demetrius aufgerollt haben, ergiebt sich die Antwort auf die Frage von selbst, ob ein begabter Dichter diesen uns als Torso hinterlassenen Demetrius mit Glück, im Sinne Schil=

ler's, auszuführen und der Nation das zu einem geschlossenen Drama gestaltete Fragment zu übergeben hoffen dürfe? Wir müssen die Frage entschieden verneinen, und haben dafür keinen geringeren Gewährsmann, als Goethe, den Geistesverwandten und Freund des Dichters. Bekanntlich faßte er im ersten Schmerze über den Tod seines großen Freundes den Gedanken, durch Vollendung des „Demetrius" dem großen Todten ein würdiges Denkmal zu setzen, aber sein weiser Genius hieß ihn diesen Gedanken aufgeben, sobald der erste Schmerz einer ruhigeren Stimmung gewichen war. Goethe gab diesen Plan aus keinem anderen Grunde auf, als weil er sehr wohl begriff, daß die Vollendung des von Schiller hinterlassenen Fragments „Demetrius" im günstigsten Falle immer nur Zweiheit gestaltender Kräfte, aber keine Einheit des Geistes offenbaren könne. Je größer ein Dichter ist, desto mehr ist ihm der Stempel seiner Ureigenheit aufgedrückt. Was hätte also ein so großer Dichter wie Goethe durch seine Vollendung des Demetrius erreichen können? Nur den Eindruck zweier großer, in sich jedoch sehr verschiedener Geister. Einem solchen, selbst von Goethe ausgeführten Unternehmen hätte also stets die vornämlichste Eigenschaft jedes wahrhaften Kunstwerkes gefehlt — die Einheit! Im besten Falle wäre also aus dem Torso ein Janusbild, aber niemals ein Apollo entstanden!

Und nun gar die Epigonen! Es ist uns der wiederholt ausgeführte Plan, den „Demetrius" zu vollenden, stets ein Räthsel gewesen, welches wohl nur in einem an Vermessenheit grenzenden Selbstvertrauen und in einer Unklarheit über die Natur künstlerischer Gestalten seine Lösung findet. Alle bisherigen Versuche bestätigen diese unsere Anschauung so glänzend, als nur immer möglich. Aber diese Versuche werden sich wiederholen, mit ihnen die Niederlagen, welche jedem derartigen Unternehmen unerbittlich vorbehalten bleiben.

Der Begriff des Dämonischen in besonderer Beziehung auf die dramatische Poesie.

Goethe nennt einmal in den Eckermann'schen Gesprächen das Wesen des Dämonischen, worauf er sehr gern zurückkommt, dasjenige, „was durch Verstand und durch Vernunft nicht aufzulösen ist." Mit dieser Definition ist ein Wink gegeben, der zu weiterer Entwicklung zu führen wohl geeignet ist. Das Dämonische zeigt sich, und dies möchte wohl seine allgemeinste und darum noch abstrakteste Bestimmung sein, überall, wo sich eine über den Verstand hinausgehende Gewalt des Menschen bemächtigt, wo also der Mensch, nur scheinbar frei, im Dienste einer Macht steht, welche sich ihn zum Werkzeuge gemacht hat, während er selbst sich aus sich zu bestimmen wähnt. Das erste und wesentlichste Kriterium des Dämonischen ist es also, daß es als eine den Menschen beherrschende Macht erscheint, die nicht als seine eigene Gemüthsbestimmtheit gewußt wird. Das Dämonische ist mithin in seiner ursprünglichen Gestalt der Ausdruck menschlicher Leidenschaft in einer vom Individuum noch unterschiedenen Form. Das Dämonische vereinigt daher die Momente des **Menschlichen** und **Uebermenschlichen**; denn es bezeichnet die den Menschen bewältigende Leidenschaft in der Gestalt einer **übermenschlichen** Gewalt, gegen die er nichts vermag. Das

Dämonische zeigt uns den Menschen gewissermaßen gespalten in ein doppeltes Wesen; deren eines der natürliche Mensch, deren anderes der Dämon ist, welcher den ersteren beherrscht. Im weiteren Sinn kann man aber jedes das Individuum beherrschende Pathos eine dämonische Macht nennen, weil der Mensch dabei immer an eine höhere Gewalt hingegeben ist. Wenn also Ideen und Empfindungen mit solcher Stärke den Menschen ergreifen, daß er völlig in ihrem Dienste handelt, sich ihnen auf Leben und Tod ergiebt, so spricht sich in einem solchen Menschen etwas Dämonisches aus. Jedes den Menschen ausschließlich beherrschende Pathos, mit welchem derselbe einer Welt Trotz bietet, ist eine dämonisch wirkende Gewalt, denn wir erkennen darin eine Macht, die den Menschen hat, und welche nicht er in seiner Gewalt hat. In dieser Rücksicht sind Antigone und Elektra nicht weniger dämonisch als Julia. Alle drei, wenn auch mit ganz verschiedenem Inhalt erfüllt, sind einer einzigen Gewalt unterthan, die sie gleichsam zu Organen für sich geformt hat, aus denen nur diese einzige Empfindung heraustönt. Antigone fühlt die Liebe zum Bruder und die Pflicht der Pietät gegen denselben so sehr als ein göttliches Gesetz in sich, daß sie dadurch stark ist allem menschlichen Verbote zu trotzen. Julia kennt nur die eine Macht der Liebe, welche in ihr über alle andere Rücksicht, jedes andere Gesetz triumphirt. Beide können nicht anders, als sie thun; es spricht aus ihnen ein Dämon, eine zweite aus dem Menschen heraustönende Stimme, der sie folgen müssen. Aber wir nennen diese Gestalten darum nicht eigentlich dämonische, weil ihr Pathos durchaus als ihre freie Selbstbestimmung erscheint, nicht als eine, von ihnen unterschiedene, sie gleichsam fortreißende Gewalt. Das Handeln dieser Individuen hat den Schein völliger Freiheit, während sich dieselbe in Wahrheit zu einer inneren unabweisbaren Nothwendigkeit aufhebt. Je mehr sich uns nun Denken, Empfinden und

Handeln des Menschen unter der Gestalt einer inneren Nothwendigkeit darbieten, welche also die Wahl einer anderen Richtung ausschließt, desto entschiedener wird der Mensch unter der Gewalt eines Dämons zu stehen scheinen. In Wahrheit ist dieser Dämon aber die eigene, aus den Tiefen der Seele sich entbindende Kraft, welche den Menschen unterwirft und jede andere Richtung zurückweist.

Wo das Dämonische waltet, ist daher die Collision im Inneren schon aufgehoben, denn diese setzt noch den Zwiespalt voraus, und schließt mithin auch die Wahl zwischen verschiedenen, ja entgegengesetzten Richtungen ein. Im Walten des Dämonischen liegt also der Charakter der Nothwendigkeit, den es, bei allem Schein der Freiheit, stets zeigt. Wenn also der Gedanke der Pflicht den Menschen gegen die Antriebe der Sinnlichkeit bestimmt, wenn er sich dieses Siegs des Sittengesetzes, wodurch er die Autonomie des sittlichen Geistes bethätigt, bewußt ist, so erkennen wir hierin nichts Dämonisches, weil ihm eben das wesentliche Kriterium desselben mangelt, daß die den Menschen bestimmende Gewalt die Form einer Naturnothwendigkeit angenommen habe. Das Dämonische schließt daher den Kampf der sittlichen Freiheit mit der Naturgewalt aus: und in diesem erkennen wir überhaupt den Gegensatz von Natur und Geist in uns. Erliegt der Mensch der ersteren, so haben die sinnlichen Antriebe über die sittliche Freiheit gesiegt, im entgegengesetzten Falle hat der Mensch die Macht der von jedem sinnlichen Antriebe freien Selbstbestimmung bethätigt. Wir befinden uns daher auf durchaus rationalem Gebiet; die letzten Quellen des Handelns sind hier keine verborgenen Gewalten, welche sich dem Begriff entziehen. Sobald aber der, dem Vermögen nach, freie Mensch, in dem also die Möglichkeit der freien Selbstbestimmung liegt, so sehr von der Gewalt eines Pathos ergriffen ist, daß er uns das Bild einer Naturnothwendigkeit im Gebiete der Freiheit darstellt, worin also die freie Selbstbestimmung gewissermaßen erloschen ist, so haben wir es mit dem **Dämonischen** im weitesten Sinne zu thun. Alles Dämonische schließt mithin ein Uebermenschliches in sich, denn über die menschliche Natur erhebt sich eine zweite Gewalt, welche die erstere in Fesseln schlägt, und dieselbe in ihren Dienst nimmt. So stellt sich das Dämonische in der alten, wie in der modernen Welt dar, und es bildet einen Grundzug aller großen, die Massen beherrschenden und sie fortreißenden Individuen. Denn durch sie spricht gewissermaßen eine unerklärliche, geheimnißvolle Kraft zu uns, von welcher die mit ihr in Berührung gesetzten Menschen elektrisch getroffen werden, indem sie sich einer ihnen unbegreiflichen Gewalt unwillkürlich Preis gegeben fühlen. In diesem Sinne waren **Cäsar**, **Cromwell**, **Friedrich II.** und **Napoleon** nicht minder dämonisch, als **Luther** und **Mirabeau**. In allen diesen entband sich aus dem tiefsten Abgrunde des Geistes gleichsam noch ein **zweiter Mensch**, der allgewaltige **Dämon**, der die Gemüther bewältigte, die Geister fortriß und Tausende in willenlose Werkzeuge verwandelte. In allem Dämonischen liegt daher zugleich stets der Begriff einer bis auf einen gewissen Grad bewußtlos wirkenden Macht, welche unter der Gestalt eines aus dem Menschen heraus handelnden Dämons vorgestellt wird. Diese Vorstellung hat aber ihre letzte Wurzel in der Anschauung der unfreiwilligen, übermenschlichen, der Berechnung, wie dem rationalen Maßstabe sich entziehenden Macht, deren Wirkungen man wohl wahrnimmt, deren letzte Quellen sich aber dem Verstande nicht öffnen. Wer daher das Dämonische wiedergeben will durch die Kunst, sei es durch die Poesie, oder durch die Darstellung, der muß durch Intuition in dies geheimnißvolle Reich hineingreifen, muß dies Uebermenschliche in sich wiedergebären, um es als ein solches wieder auf die Gemüther wirken lassen zu können. Hier aber ist die Schranke der meisten Künstler, eine

Schranke, welche selbst höchst begabten, sonst eine schöne Befriedigung gewährenden Künstlernaturen unüberwindlich ist. Das Produciren alles Dämonischen in der Kunst fordert nämlich jene Macht der Phantasie, welche das Uebermenschliche nicht nur auf einen Schlag lebendig anschauen und durchleben, sondern auch durch die Herrschaft über das Material verwirklichen kann. Wir müssen daher dem darstellenden Künstler eben so wohl, wie dem dämonischen Menschen in der Wirklichkeit, die ihn unterjochende übermenschliche Gewalt anfühlen, jene Flamme aus ihm herausschlagen sehen, die den natürlichen Menschen verzehrt hat, um dem Dämon Raum zu geben, der nun zündend über die Gemüther dahinfährt. Solch' eine Gewalt ist durch keine Lehre mittheilbar, sie ist das Geheimniß der geweihten Naturen, deren Wirkungen daher auch durchaus inkommensurabel sind, weil der Maßstab des Verstandes von ihrer Phantasie unendlich überflügelt wird.

Bis jetzt haben wir aber nur den allgemeinsten und darum noch abstrakten Begriff des D ä m o n i s c h e n berührt. Wir erkannten, daß es sich überall zeige, wo ein Pathos den Menschen ausschließlich beherrsche und ihn zum Handeln treibe, wo sich also der Mensch als Organ höherer Ideen empfinde und wisse, welche in ihm Fleisch und Blut geworden sind. Aber das Dämonische bietet noch eine besondere Seite dar, welche vorzugsweise dem Begriffe unterworfen zu werden verdient. Wir nennen dies das e i g e n t l i c h D ä m o n i s c h e, das D ä m o n i s c h e p a r e x c e l l e n c e, welches den allgemeinen Begriff desselben, wie wir denselben aufgefaßt hatten, noch wesentlich modificirt. Gehn wir zunächst vom Sprachgebrauche aus, so bezeichnet derselbe mit dem Ausdruck des D ä m o n i s c h e n doch nicht sowohl das sittliche Pathos, das den Menschen ganz zu seinem Organe umformt und die unbedingte Hingebung an eine Idee, selbst wenn diese mit der Stärke der Naturgewalt auftritt, als vielmehr das furchtbare Walten d e r f i n s t e=

ren Mächte, der zerstörenden Kräfte in uns. Nur sehr uneigentlich würde man z. B. die Antigone in der alten Tragödie oder den standhaften Prinzen in der modernen Tragödie als dämonische Naturen bezeichnen, obgleich beide durch ein ausschließendes Pathos getriebene Menschen sind. Beide können nicht anders handeln als sie eben handeln, beide erscheinen, die Eine als das Organ einer sie unbedingt beherrschenden Pietät, der Andere als das Organ der christlichen Glaubensbegeisterung. Wer wird ferner die ganz vom Pathos der Liebe erfüllte Julia, die für alle anderen Interessen taub ist, wohl eigentlich dämonisch nennen, und doch ist sie es gewiß in dem Sinne, daß eine höhere Gewalt sie ausschließlich beherrscht. Wohl aber dürfte man sogleich der Zustimmung gewiß sein, wenn man die Phädra als eine dämonische Natur bezeichnet. Hier thut sich also schon für die Vorstellung das $\varkappa\alpha\tau'\ \dot{\varepsilon}\xi o\chi \dot{\eta} \nu$ Dämonische auf. Dasselbe gilt von ganzen Zeiten in der Geschichte. Es giebt deren, in welchen vorzugsweise ein dämonisches Walten zu Hause ist, und es sind nicht selten gerade diejenigen, welche wir als Wendepunkte und Verkündigung einer neuen mächtigen Entwicklung bezeichnen. Das Zeitalter der Reformation, obwohl die Ideen gewiß hier in den Individuen mit einer über menschliche Berechnung hinausliegenden Gewalt auftreten und die Glaubenshelden erfüllen, werden wir nicht vorzugsweise als dämonisch bezeichnen, wohl aber das Zeitalter der sich auflösenden alten Welt und die Zeiten der germanischen Völkergährung, bis zu ihrer Consolidirung zu festeren Verhältnissen. Das specifisch Dämonische ist daher gerade in Zeiten des Untergangs einer Welt vorzugsweise zu Hause. Wenn die Schranken des Herkommens, der Sitte und des Gesetzes sinken, wenn die bisher leitenden Principe wankend geworden sind, da zeigt sich das eigentlich Dämonische. Je mehr in einer Zeitepoche Alles noch die Gestalt eines Gährungsprozesses hat, in welchem sich das Altgewordene gewaltsam auflöst, ohne daß schon die leitenden Ideen einer neuen Epoche das Panier bilden, um welches sich die Geister schaaren, desto ergiebiger ist der Boden für das eigentlich Dämonische. Auf solchem Boden werden die blind waltenden Kräfte frei, die furchtbaren Leidenschaften entbinden sich, die Aussicht auf die Wiedergeburt einer neuen Ordnung der Dinge ist noch von düstern Wolken verhüllt, die Welt scheint den blinden Gewalten Preis gegeben. So ist der Untergang der römischen Welt, so der Gährungsprozeß der furchtbar starken, noch ungebändigten germanischen Völker, so das in das Grab steigende Mittelalter, namentlich die wilden Kämpfe der sich aufreibenden großen Geschlechter dämonischer Natur. Nicht minder ist die Epoche des Schreckenssystems in Frankreich diejenige der französischen Revolution, in welcher das Dämonische vorzugsweise waltet, denn hier entbinden sich gerade die zerstörenden Kräfte, die furchtbare Macht der Negation herrscht in dieser Epoche mit der Unerbittlichkeit fanatischer Leidenschaft, welche über jede Berechnung hinaus wirkt. Ueberall tritt uns hier als das Charakteristische, Durchgreifende, die Entfesselung gewaltiger Kräfte hervor, welche sich im Empörungszustande gegen alles bisher durch Sitte, Herkommen und Gesetz Geschirmte befinden. Wo wir nun die Entfesselung gewaltiger, zerstörender, über jedes Maaß der Berechnung hinausgehender Kräfte erblicken, jenen Empörungszustand gegen Gesetz und Regel, aus dem noch kein festes Ziel der Bewegung auftaucht, da ist die Stätte für das eigentlich Dämonische. Dazu gehört also vorzugsweise die Entfesselung der Kreatürlichkeit, welche uns mit Entsetzen erfüllt, weil wir den Menschen, d. h. ein freies Wesen, Gewalten überantwortet sehen, welche er bändigen soll, die ihn aber beherrschen, ohne daß wir gleichwohl dem Menschen den ganzen Umfang dieser Empörung der finstern Mächte sittlich zurechnen können. Das specifisch Dämonische hebt also überall da an, wo der Mensch bis auf einen gewissen Grad unfreiwillig der Kreatürlichkeit überantwortet erscheint, wo sich dasselbe als eine über alle Reflexion hinausliegende Macht ankündigt, welche selbst außerordentliche des Geistes in ihren Dienst genommen hat. Daraus folgt, daß das Dämonische mit der großartigen Sphäre, in der es sich zeigt, und mit den Kräften, über welche es gebietet, wächst. Es ist um so poetischer, je furchtbarer es erscheint, d. h. je großartiger der Schauplatz seiner Wirksamkeit ist und je riesenhafter die Gewalten sind, welche den Menschen treiben. Denn erst dadurch wird es einerseits der spießbürgerlichen Sphäre, andrerseits dem Gebiete moralischer Collision, d. h. dem Kampf zwischen Pflicht und sinnlichem Antrieb entrückt. Sobald wir nämlich den Menschen nur als ein unfreies Geschöpf den sinnlichen Antrieben erliegen sehen gegen das Sittengesetz, so kann uns das niemals den Eindruck des Dämonischen machen, weil wir in einem solchen Kampfe nur ein schwaches, gegen sein besseres Wissen und Wollen handelndes Wesen erblicken, welches durch den Reiz der sinnlichen Natur seine sittliche Freiheit eingebüßt hat. Die Befriedigung einer gemeinen Leidenschaft kann ebenfalls in der Kunst nicht dämonisch wirken, weil uns das Gefühl der Indignation über die siegende sinnliche Natur des Menschen nie den Eindruck des Furchtbaren macht. Dämonisch ist ferner kein Kampf zwischen dem Sittengesetz und der Noth, zwischen der Pflicht und dem Geschrei des thierischen Menschen, der allerdings auch ein Recht der Befriedigung hat und im Augenblick, wo er aus Noth ein Gesetz verletzt, zwar unser Mitleid über seine Lage in Anspruch nimmt, aber uns doch zugleich die sittliche Schwäche des Menschen zeigt, der das von ihm erkannte Sittengesetz nicht über jeden sinnlichen Antrieb triumphiren zu lassen vermag. Hier ist nichts Dämonisches, denn wir sehen den Menschen nicht als ein Opfer einer über alle Reflexion erhabenen furchtbaren Gewalt seiner Natur an. Das Dämonische wird also um so furchtbarer wirken und um so mehr jenseits der moralischen Collision zwischen Pflicht und Sinnlichkeit liegen, je vulkanischer der ganze Boden ist, auf welchem eine solche Gestalt erwächst, je mehr dieselbe mit ihren letzten Wurzeln in den Boden der **geschichtlichen Verhältnisse und des gesammten Weltzustandes** hineinragt. Die Spitze des Dämonischen erkennen wir daher in derjenigen Individualität, in welcher die zerstörenden Mächte eines Zeitalters gleichsam persönlich geworden sind. In dieser Beziehung erscheint Richard III. als die alle anderen Individuen an dämonischer Kraft überragende Gestalt, weil sich in ihr die zerstörenden Elemente einer sich auflösenden Welt zusammenfassen und er dadurch, wie wir an einem anderen Ort gezeigt haben, zu einer Nemesis der Verbrecher wird, bis auch ihn der Geist der Geschichte vernichtet. Je mehr nämlich ein Mensch in seiner zerstörenden Thatkraft mit der Geschichte zusammenhängt und aus dem Geiste derselben erklärlich ist, desto dämonischer wirkt er, weil sein Wirken durch die Elemente des geschichtlichen Geistes um so ungebundener erscheint. Und dennoch sinkt der Mensch, weil er nie aufhören kann ein freies Wesen zu sein, niemals zu einem bloßen Werkzeug des allgemeinen Geistes herab, denn er tritt niemals in die Reihe bloßer Naturkräfte. Und darin liegt das Geheimniß der dämonischen Wirkung im engeren Sinne, daß wir ein Geschöpf unseres Gleichen, also ein seinem Begriffe nach freies Wesen, doch wie eine Naturgewalt vor uns wirken sehen. Daß der Mensch zwar nicht aufhört, zurechnungsfähig zu sein, aber trotz dieser nie aufzuhebenden Beschaffenheit, dennoch einer zerstörenden Leidenschaft **willenlos** unterthan zu sein scheint, darin liegt die furchtbare ergreifende Gewalt des eigentlich Dämonischen. Nur unter dieser Bedingung kann es **poetisch** werden, und nur, wenn es als ein solches auf uns wirkt, uns durch die Darstellung erschüttern. Denn alles Dämonische dieser Art eröffnet uns einen Abgrund unserer Natur, indem die Leidenschaften, die zerstörenden Kräfte, entfesselt worden sind, kurz die Nachtseite unseres Wesens hervorgekehrt ist, ohne daß doch der Mensch dabei das Bewußtsein seiner Knechtschaft völlig einbüßt. Darum ist auch kein einzelner, den Menschen noch so weit über das Maaß fortreißender Affect schon dämonischer Natur, er erklärt sich aus dem Zusammentreffen der innern Spannung und der äußeren Einwirkung; der Mensch ist momentan um seine Freiheit gebracht, indem das Gleichgewicht der Neigungen aufgehoben worden ist. Aber die Rückkehr aus dem Affect zeigt ihn sich selbst in dem Widerspruch des Affectes, dem er Preis gegeben war mit der Stimme der Vernunft. Das Dämonische beginnt erst da, wo der ganze Mensch in eine Richtung so gebannt ist, daß dagegen jede Reflexion verstummt und jeder Widerstand nur zu neuer Zerstörungswuth anfacht. Da aber alles Dämonische ein sich unabläßig erneuernder Widerspruch zwischen der an sich, d. h. dem Vermögen nach freien Selbstbestimmung und der unfreiwillig wirkenden und wachsenden Gewalt des Dämons ist, so zerstört sich auch das menschliche Gefäß der dämonischen Gewalten in sich selbst. Wir zittern den dämonischen Gewalten in der Menschenbrust gegenüber, weil wir keinen Maaßstab haben für das Maaß der zerstörenden Kraft selbst, und unsere moralische Indignation weicht dem Schmerze, den Menschen übermenschlichen Gewalten erliegen, ihn gleichsam zur Ohnmacht dagegen verurtheilt zu sehen. Wo wir nur moralische Indignation empfinden, da hat auch die Wirkung des Dämonischen schon aufgehört. Der wahre Maaßstab für die Wirkung des Dämonischen in der Poesie wird daher immer sein, wenn wir die letzten Wurzeln des Menschen, aus welchen sich das Dämonische erhebt, jenseits der moralischen Zurechnung liegend empfinden.

Treten in einem Individuum nur die nackte Selbstsucht, die sinnliche Begierde, die bloße Rachsucht als Motive auf, so liegt darin an und für sich noch nichts Dämonisches, weil dies alles Factoren sind, die nur Zeugniß von der sittlichen Schwäche geben. Es muß also zum Begriff des Dämonischen immer noch ein anderes Moment hinzukommen, worin eine gewisse Berechnung liegt, und welches über den Willen des Individuums hinausliegt. Solche Elemente sind z. B. die körperliche Verwahrlosung, die Mißbildung der sinnlichen Persönlichkeit, verbunden mit dem glühenden Verlangen nach Liebe. Hier kann der Gedanke der so ungleich vertheilten Güter, welche den einen von der Freude der Liebe schon an der Schwelle des Jünglingsalters ausschließen, ein Gift im Innern ansetzen, aus dem, wenn die Verhältnisse und Conflicte es nähren, sich dämonische Wirkungen erzeugen. Liegt doch selbst in Richard III. die letzte Wurzel seiner dämonischen Natur in dem finstern Groll über seine körperliche Verwahrlosung, die ihn in sich hineintreibt und zu jener Einsamkeit verurtheilt, in der er sich gegen alle zarteren menschlichen Empfindungen verhärtet. Auch bei Franz Moor ragen die letzten Wurzeln seiner sittlichen Verwahrlosung in seine physische Mißbildung hinein, die ihn, bei der Vergegenwärtigung seines von Schönheit und Jugendkraft strotzenden Bruders, zu den höllischen Argumenten fortreißt, durch welche er nach und nach die heiligsten Bande zerreißt und sich in der Rechtfertigung seiner Bosheit gewissermaßen übertäubt. Hier finden wir dämonische Elemente. Nur dadurch, daß sie herausgekehrt werden, sind diese Gestalten poetisch möglich. Bis zu diesen Wurzeln hat daher die Darstellung zurück zu gehen, und diese Individuen, selbst in ihrer Verworfenheit, wie durch eine über alle Reflexion erhabene Gewalt getrieben, zu versinnlichen. Dasselbe gilt von der poetischen Darstellung aller verzehrenden und zerstörenden Leidenschaften. Ihr riesiges Wachsen soll uns die Gewißheit der über den Willen des Individuums zusammenschlagenden Fluthen der Leidenschaft gewähren. So soll Phädra dämonisch wirken. Ihre Leidenschaft soll wie ein Verhängniß erschei-

nen, das sie wider Willen fortreißt, dem sie vergeblich Wi=
derstand entgegensetzt, und das über alle Reflexion riesen=
haft hinauswächst. Nicht minder dämonisch erscheint
Macbeth's Ehrgeiz; es sind die finstern Gewalten,
welche sich immer dichter zusammenziehen und die Leuchte
des sittlichen Bewußtseins endlich völlig verdunkeln. Das
eigentlich Dämonische in Macbeth erreicht seinen Höhepunkt
erst nach der That des Königsmordes; von nun an er=
scheint dasselbe als die blind wüthende, das Subject weit
über sein nächstes Ziel fortreißende Gewalt, welche nicht
nur jedes Widerstandes spottet, sondern sich selbst auch
durch Verbrechen übertäubt und endlich selbst sittlich ab=
stumpft. Wird dies nicht erreicht durch die Darstellung,
so werden wir aus der Sphäre des Dämonischen nur in
die der gemeinen Leidenschaft und der verbrecherischen
Selbstsucht versetzt.

Wir haben gesehen, wie das eigentlich Dämonische im
engeren Sinne sich wesentlich in der Nachtseite der mensch=
lichen Natur zeigt. Es läßt sich dafür noch ein tieferer
Grund angeben. Wenn der Mensch einer edlen, großen
Leidenschaft, einem ihn ganz erfüllenden Pathos hingegeben
ist, so ist er darin zugleich in seiner eigentlichen Bestim=
mung, denn die sittliche Idee hat ein individuelles Leben
in ihm gewonnen. Die Vernunft muß billigen, was der
Wille vollbringt. Das Nicht=anders=können des Menschen
ist hier nur der Ausdruck seiner sittlichen Stärke und seines
Rechts, das er mit einer unbeugsamen Kraft festhält. Die
Schuld besteht hier nur darin, das ganze Recht nur in dem
einzigen Punkte zu sehen und alles Andere dagegen für
rechtlos zu erklären. Dies ist die einzige Seite, nach wel=
cher das Dämonische hervortritt. Dieses raubt dem Men=
schen diejenige Klarheit der Intelligenz, vermittelst welcher
er die Vielseitigkeit des Lebens und die mannigfaltige Be=
rechtigung anderer Interessen begreift. Aber mit dieser Er=
kenntniß würde der Mensch niemals zum Handeln, ge=

schweige denn zur unbedingten Hingebung an die Idee kommen; sie schließt mit einem Wort das Pathos des Handelns aus. Wer gedankenvoll über den Gegensätzen schwebt und die verschiedenen Berechtigungen, als Momente der sittlichen Idee, begreift, kann nie zum Entschluß des Handelns kommen, und ist also der Gewalt des Dämonischen niemals unterthan. So ist in dem C h o r e, seinem Wesen nach, nie etwas Dämonisches, denn in ihm faßt sich immer das Gesammtbewußtsein, welches sich aus der Handlung und dem Zusammenstoß der Gegensätze ergiebt, zusammen; er ist also stets von einseitiger Hingebung fern, während das Dämonische den Menschen bindet und auf einen einzigen Punkt einschränkt. Erst im Handeln, im Pathos der That, wo die particielle Verfinsterung der theoretischen Erkenntniß eintritt, weil der Mensch das e i n e Gut und das e i n e Recht für das absolute Gut und das universelle Recht hält, erst da hebt das Dämonische an. Nur kraft desselben wird der Mensch von der freien Betrachtung, in der ihm alle Gegensätze des vielgestaltigen Lebens in ihrer Bedeutung und ihrem Werthe erscheinen, auf die ausschließliche Verfolgung einer Richtung eingeschränkt. Ohne solch eine dämonische Gewalt käme es zu keiner begeisterungsvollen That und keiner Aufopferung. Diese ist immer nur unter der Voraussetzung einer dämonisch wirkenden, d. h. das Individuum völlig beherrschenden und es sowohl zur That begeisternden, als über sein Recht verblendenden Gewalt möglich. Aber hier hat das Dämonische doch immer den Charakter einer s i t t l i c h e n M a c h t. Ganz anders das Dämonische im e n g e r e n S i n n e, das wir entwickelt haben. In jenem Dämonischen, worunter wir nur die treibende Gewalt eines alles Andere ausschließenden sittlichen Pathos verstehen, ist der Mensch in seiner Nothwendigkeit doch zugleich mit der Freiheit zusammengeschlossen, denn in der ersteren enthüllt sich nur die über alle endlichen Gewalten triumphirende sittliche

Idee. Der Mensch bestätigt also in seinem Nicht=anders=
können zugleich seine wahre sittliche Substanz. Ganz anders
in dem von uns par excellence sogenannten Dämoni=
schen. Dies erscheint als eine unfreiwillige Empörung
der Naturgewalt gegen die sittliche Freiheit, also als eine
Entfesselung von Kräften, welche bestimmt sind, gebunden
zu werden und nur höheren Zwecken zu dienen. Indem sie
so für sich frei werden, daß sie alle Reflexion und Wil=
lensbestimmung überflügeln, ist der Mensch in ihrem Dienste
gefangen und die Freiheit in eine blinde Nothwendigkeit
übergegangen. Dadurch aber tritt erst das eigentlich Dä=
monische an das Licht. Daraus erklärt es sich, warum
seine eigentliche Heimath die Nachtseite unserer Natur ist;
denn hier erst kommt das Unfreiwillige zu seinem bestimm=
testen Ausdruck. Diesem specifisch Dämonischen gegenüber
fühlen wir zugleich die Unzulänglichkeit des moralischen
Standpunktes und der moralischen Zurechnung, und darum
erregt es nicht nur unsern moralischen Unwillen, sondern
erscheint vielmehr als eine, aller Imputation spottende fin=
stere Macht, wofür die letzte Ausgleichung immer nur in
der gesammten Weltordnung gefunden wird. Denn hier
dient diese dämonische Gewalt wesentlich höheren Zwecken.
Nur darin kann auch poetisch erst die letzte Versöhnung mit
dem Dämonischen gegeben sein.

Aber wir haben zum Schluß noch den Zusammenhang
und den Unterschied des Dämonischen und des Dia=
bolischen zu entwickeln. Goethe erwiedert Eckermann
(Gespräche II. S. 291) auf die Frage, ob Mephistopheles
nicht dämonische Züge habe: „Nein; der Mephistopheles
ist ein viel zu negatives Wesen; das Dämonische aber
äußert sich in einer durchaus positiven Thatkraft." Damit
ist ein wichtiger Gesichtspunkt berührt. Mephistophe=
les, der sich als der stets verneinende Geist bekennt, ist, inso=
fern er sich als ein rein negirendes Wesen bezeichnet, nicht
dämonisch, und zwar aus dem Grunde, weil er nur den

Zweck des Zerstörenden hat und gar nichts Positives will. Das Dämonische wird nun zwar, wie wir gezeigt, gerade die Nachtseite unserer Natur vorzugsweise zu seiner Heimath haben, und sich besonders durch die Gewalt zerstörender Kräfte äußern, aber der dämonische Mensch ist doch dabei stets von dem Gedanken nach Befriedigung und von dem Verlangen nach Verwirklichung eines positiven Zweckes getrieben. So dämonisch Richard III. ist, so will er doch im Genuß des befriedigten Ehrgeizes und des Herrschens schwelgen; er sucht doch darin einen Ersatz für versagtes Liebesglück. Phädra, so dämonisch auch ihre Leidenschaft, will doch in ihrer Maaßlosigkeit selbst immer die Befriedigung ihres Herzens, sie erstrebt etwas, das für sie ein Gut ist. Wem aber nur das Negiren Zweck ist, der ist insofern auch nicht dämonisch, als er von gar keinem positiven Inhalt und Zweck erfüllt scheint. Das Diabolische ist also vom Dämonischen nach der Seite unterschieden, daß das erstere durchaus nur negativ ist. Aber Mephistopheles, als der Vertreter des rein Diabolischen, hat doch auch das Dämonische wieder insofern als Moment in sich, als er in dieser seiner Alles negirenden Thätigkeit von einer geheimnißvollen, über alle Reflexion erhabenen Gewalt dazu getrieben erscheint, also unfreiwillig dem ewigen Verneinen hingegeben ist. Doch kann auch dies in Mephistopheles wieder nicht rein dämonisch wirken, weil dazu wenigstens die Möglichkeit des freien, also auch des entgegengesetzten Entschlusses gehört, der von der dämonischen Gewalt allerdings zurückgedrängt wird, aber doch immer als Vermögen verborgen bleibt, das sich zur Wirklichkeit der sittlichen Freiheit doch einmal erheben kann. Mephistopheles ist, seinem Wesen nach, aber schlechthin an das bloße Vernichten gebunden; in ihm ist nicht, wie in der menschlichen Natur, die reale Möglichkeit einer entgegengesetzten Richtung. Wir können uns also vor ihm nicht, wie vor dem eigentlich Dämonischen,

entsetzen; es wird uns wohl unheimlich in seiner Nähe,
weil wir seine, das menschliche Gemüth berückende Kraft
kennen, nicht aber, weil wir in ihm, wie in den eigentlich
dämonischen Naturen, eine den Menschen unfreiwillig fort=
reißende und jeder sich dagegen erhebenden Reflexion spot=
tende Macht erblicken, und doch nicht mit dem moralischen
Maaßstab ausreichen. Die Stätte des Dämonischen ist
daher nur die menschliche Brust, nicht ein von Hause aus
sich als außer= und übermenschlich ankündigendes Wesen,
das auch anderen Gesetzen unterworfen ist. Bricht aus
der menschlichen Seele dagegen das Diabolische hervor,
so haben wir darin allerdings ein Dämonisches vor uns,
weil wir uns immer in der Sphäre der möglichen Freiheit
befinden, und das Diabolische in der menschlichen Natur
durch die über den Menschen hereinbrechenden Verhältnisse
und die sich dadurch steigernde Lust am Verneinen vor uns
wächst, während Mephistopheles, eben weil er das reine
Princip des Verneinens selbst ist, durchaus nicht wachsen,
also auch gar nicht den Eindruck einer sich steigernden, aus
dem Abgrund der Seele immer furchtbarer hervorbrechenden
Gewalt machen kann.

Der Zufall und die Nothwendigkeit im Drama.

Ueber die Anwendung und die Berechtigung des Zu=
falls in der dramatischen Poesie herrschen noch
immer so verworrene Vorstellungen, daß es sehr angemessen
erscheint, einmal die ästhetische Bedeutung des Zufalls,

als Form dramatischer Handlung zu beleuchten. Zufällig ist überhaupt das, was so und auch anders sein kann, was also kein Gesetz in sich selber hat. Eine Einwirkung, welche nur durch mechanische Mittel erfolgt, ist für das bestimmte Individuum, welches derselben unterworfen wird, nur zufällig; nothwendig ist daran nur das Gesetz der Natur, welches sich in dieser Erscheinung ausspricht. Der Tod eines Menschen z. B. durch irgend eine mechanische Gewalt, einen Degenstoß, einen Schuß, den Sturz schwerer Massen, ist zunächst nur nach der Seite hin nothwendig, daß sich in dieser bestimmten Wirkung ein unveränderliches Naturgesetz darstellt, zufällig dagegen nach der Seite hin, daß gerade dieser und kein anderer Mensch von diesem Gesetz ergriffen wird. Erst indem wir uns bei einem solchen Faktum in die religiöse Sphäre erheben, und die Idee einer auch auf das Einzelne sich erstreckenden Vorsehung geltend machen, verwandelt sich die Vorstellung des zufälligen Todes eines bestimmten Menschen in die Vorstellung eines nach einem höheren Willen, also durch einen absoluten Willen bedingten Todes, nur daß das Wesen dieses Gesetzes in der religiösen Sphäre von Hause aus als ein unbegreifliches hingestellt wird, aber dieser Wille wird zugleich auch als ein unergründlicher dargestellt. Die Erhebung ist also hier von der Art, daß der Mensch nur die Gewißheit hat, kein Zufall, sondern ein unerforschlicher Wille habe hier gewaltet.

Die Wahrheit des Zufalls ist die Nothwendigkeit, denn jede Existenz, welche den Grund ihres Daseins nicht in sich selbst hat, weist auf ein durch sich selbst bedingtes, d. h. nothwendiges Dasein hin. Eine Existenz, welche wir als eine zufällige bezeichnen, kann uns daher niemals eine Befriedigung gewähren, weil der Geist bei ihr nicht verweilen, sich bei ihr nicht beruhigen kann, sondern zum Aufsuchen des Gesetzes für die zufällige

Erscheinung, d. h. zur Erhebung in die Nothwendig=
keit getrieben wird. Die sittliche Weltordnung kann
daher nur als ein in sich gesetzmäßiges Leben aufgefaßt
werden, welches die Bedingungen seiner Existenz und seiner
Entwicklung in sich selbst trägt.

Jedes Drama soll uns doch von einem bestimmten
Standpunkt aus ein Abbild der **sittlichen Weltord=
nung** darbieten, also eine in sich geschlossene, das Gesetz
ihrer Bewegung offenbarende Welt, welche nicht erst auf
eine noch höhere Ordnung hinausweist, sondern welche sich
aus sich selber erklärt. Nur unter dieser Bedingung kann
uns eine dramatische Handlung eine wirkliche Befrie=
digung gewähren. Läßt uns daher ein Drama im Kreise der
Zufälligkeiten stecken, erhebt es uns nicht durch seine Be=
wegung zur Anschauung innerer Nothwendigkeit, so kann
es auch niemals ein Bild der sittlichen Weltordnung geben;
es muß uns daher unbefriedigt lassen, weil unser Geist ge=
nöthigt wird, sich zu einem Sein zu erheben, das auf
seinem eigenen Grunde ruht, also das Gesetz seiner Ent=
wickelung in sich selber trägt.

Alles, was in Zeit und Raum tritt, erscheint unter
einer Fülle von Bedingungen und Umständen, welche **nicht**
den Charakter der Nothwendigkeit, sondern der **Zufäl=
ligkeit** haben. Diese Umstände müssen aber von dem
Inhalt, welcher durch sie offenbar wird, auf das Be=
stimmteste unterschieden werden. Ohne diesen Unterschied
würde sich die ganze Weltgeschichte in eine unendliche Reihe
von Zufälligkeiten auflösen. Der Verlust oder Gewinn
einer entscheidenden, die ganzen Verhältnisse umgestaltenden
Schlacht, herbeigeführt durch den Muth und die Entschlos=
senheit eines untergeordneten Führers, der Tod eines an
und für sich unbedeutenden Menschen, eine Verletzung der
Eitelkeit bringen Veränderungen hervor, welche unberechen=
bare Folgen nach sich ziehen. Aber diese besonderen Um=
stände sind in der geschichtlichen Bewegung nur die Hüllen,

in welchen der Geist der Geschichte einherschreitet, also die
Hüllen für die sich entwickelnde Vernunft, für die in=
nere Nothwendigkeit, welche der Ausdruck für das
durch die ganze Summe aller geistigen Factoren gesetzte Pro=
duct ist. Gerade die großen Wendepunkte der Geschichte
treten in solcher scheinbar durch Zufälligkeiten bedingten
Gestalt hervor. Dies ist sehr natürlich. Denn gerade in
den Wendepunkten der Geschichte macht sich der Kontrast
der Zufälligkeit und der inneren durch die gesammte histo=
rische Bewegung bedingten Nothwendigkeit am meisten gel=
tend. Aber auch gerade in den großen Katastrophen stellt
es sich wieder am augenscheinlichsten dar, daß die zufälligen
Verhältnisse, unter welchen dieselben in die Welt treten, ein
verspäteter oder mißverstandener Befehl, eine zu früh abge=
brochene Brücke, der plötzliche Tod eines Königs, ein früher
als sonst eingetretener Winter u. s. f. nur Formen sind,
durch welche sich die innere Vernunft der Sache darstellt.
Der Geist ist bei dem Hinblick auf die Zufälligkeiten
daher auch nicht in seinem Vertrauen auf die Nothwen=
digkeit der geschichtlichen Katastrophe erschüttert, weil er,
besonders in den wichtigsten Wendepunkten der Geschichte
schon durch die gesammte Stimmung der Zeit, durch eine
Menge von Symptomen auf das endliche Hervortreten der
Katastrophe vorbereitet ist. Deswegen wirkt er auch in der
zufälligen Form, durch welche das durch die ganze geschicht=
liche Bewegung Bedingte in die Wirklichkeit tritt, nur eine
der mannichfaltigen Weisen, in denen das Nothwendige sich
Bahn bricht. Zufällig sind diese Formen darum, weil in
ihnen selbst kein Gesetz herrscht, weil sie nicht durch alle an=
deren Factoren bedingt sind, sondern weil sie mit vielen
anderen Formen vertauscht werden könnten. Aber daß diese
oder jene beliebige Form nur das innerlich Nothwendige ent=
hüllt, nur das schon längst durch die geschichtliche Bewegung
Vorbereitete ausspricht, das gerade giebt dem Geiste die Be=
friedigung, welche er in aller Geschichte, in allen Prozessen

des Geistes sucht, nämlich die Darstellung eines Gesetzes, einer sittlichen Ordnung.

Sobald wir also eine zufällige Erscheinung nur als eine Hülle eines nothwendigen Kerns auffassen, fühlen wir uns auch über das Reich des Zufalls erhoben. Wir geben beim Hinblick auf eine von uns als zufällig bezeichnete Erscheinung zwar zu, daß dieselbe durch viele ähnliche hätte ersetzt werden können, erkennen jedoch, daß sich in allen ein und derselbe Geist darstellt. So fühlen wir uns z. B. bei dem Eintritt der Reformation oder der französischen Revolution in Betreff der äußeren Veranlassungen und des Zusammenwirkens einzelner Umstände auf dem Gebiete des Zufalls, denn wir müssen uns eingestehen, daß diese Erscheinungen, diese Wendungen nicht nothwendig aus der Natur der Sache stammen; wir suchen in ihnen vergeblich nach einem Gesetze, aber wir erkennen zugleich, daß die Substanz dieser zufälligen Erscheinungen eine nothwendige Frucht der ganzen vorhergegangenen Bewegung ist. Der Zufall enthüllt also darin immer nur das Nothwendige und Wesentliche und hebt sich mithin darin selbst auf.

Auch das Drama kann sich, so wenig als die Geschichte, dem zufälligen Elemente entschlagen, denn es theilt mit der letzteren sowohl das Erscheinen in Raum und Zeit, als auch, daß seine Bewegung von einem Verein von Umständen abhängt, denen wir unmöglich immer Nothwendigkeit zuschreiben können. Selbst Katastrophen sehn wir im Drama, wie in der Geschichte, durch zufällige Fakta herbeigeführt, welche zu der Reflexion nöthigen, daß an ihrer Stelle gerade das Entgegengesetzte hätte geschehen können. Nöthigt uns nun nicht der innere Gang der Handlung zu der Betrachtung, daß der Inhalt, welcher sich durch die zufällige Form darstellt, ein durch die ganze dramatische Anlage und Entwicklung bedingter ist, werden wir auf den Zufall fixirt; so sind wir damit auch aus der rein künstlerischen Stimmung herausgeworfen und unbefriedigt. Im Drama muß daher, weil dasselbe das Abbild der Geschichte im höchsten Sinne ist, der Zufall immer zur Nothwendigkeit aufgehoben werden. Indem wir nur den Zufall im Drama rechtfertigen, durch welchen eine schon vorbereitete Katastrophe in's Leben tritt, so sprechen wir damit zugleich aus, daß derselbe als Zufall aufgehoben, daß er nur die Schale ist, aus welcher die Nothwendigkeit hervorbricht.

Der Zufall, sagten wir, darf in der dramatischen Poesie (denn nur mit ihr haben wir es hier zu thun) niemals für sich nackt auftreten, das heißt, er muß als Zufall immer überwunden und zur Nothwendigkeit aufgehoben werden. Ein Faktum, das nicht irgendwie seiner Zufälligkeit entkleidet und in das Reich der Nothwendigkeit aufgelöst worden ist, macht uns daher in der Poesie den Eindruck des gemeinen Lebens, in welchem wir freilich den Zufall so oft ganz nackt, ganz unvermittelt auftreten sehen, so daß wir durch ihn, wenn wir nicht zur religiösen Betrachtung flüchten, durchaus nicht zur Anschauung eines dadurch herbeigeführten Nothwendigen oder Gesetzmäßigen erhoben werden. In diesem Sinne sagt Goethe (Werke 49 S. 79): „Das Zufällig-Wirkliche, an dem wir weder ein Gesetz der Natur, noch der Freiheit entdecken, nennen wir das Gemeine", d. h. ein Zufällig-Wirkliches, welches sich nicht zur Nothwendigkeit aufhebt, sich nicht als die Hülle eines Gesetzes darstellt, ist aus dem Reiche der Poesie, die uns den Kern, den wesentlichen Inhalt des Lebens darbieten soll, entschieden verbannt. Durch den unvermittelt auftretenden Zufall, durch das Zufällig-Wirkliche, das sich nicht zum Ausdruck eines Gesetzes aufhebt, sind wir also aus dem Boden der Poesie auf den Boden des gemeinen Lebens gesetzt. Dies ist ihre Scheidewand. Die erstere macht den Zufall zu einer Form für die Nothwendigkeit, das Letztere läßt den Zufall walten, ohne uns darüber hinauszuführen. Wir können das auch so ausdrücken: Ein Zufällig=Wirkliches, das sich nicht für unsere Anschauung als ein Mittel für den Hervorgang des Nothwendigen darstellt, ist in der Poesie unstatthaft. Das Nothwendige kann aber dieses Mittels nicht entbehren, weil es sich durch eine Mannigfaltigkeit von Einzelnheiten aufbaut. Unpoetisch ist also ein Zufall, der anstatt sich als Mittel zum Zweck zu erweisen, für sich dasteht, ohne innerlich auf einen Zweck bezogen zu sein. Da wir es aber hier nicht mit der äußern Zweckmäßigkeit, sondern der innern zu thun haben, welche das Gesetz des Lebens ist, so muß der Zweck auch ein durch die ganze Organisation des Kunstwerks bedingter sein, zu dessen Verwirklichung das einzelne Faktum verwendet wird, welchem daher nur insofern der Charakter des Zufälligen beiwohnen darf, als dasselbe auch durch andere Fakta ersetzt werden kann, niemals aber in dem Sinne, daß die Handlung oder Katastrophe, welche dadurch herbeigeführt werden, dadurch allein bedingt sind.

Es liegt aber in der Natur der Kunst, daß der Zufall, dessen dieselbe als Hebels zur Fortbewegung der Handlung bedarf, sich durch den Verlauf der Entwickelung zur Nothwendigkeit aufhebe, und sich als eins der mannigfaltigen Mittel erweise, dessen der Zweck bedurfte, um sich durchzuführen. Denn die Kunst erzeugt ihren Gegenstand vermittelst der freien Phantasie, gleichviel ob ihr Stoff ein historisch gegebener, oder ein frei erfundener ist. Daß die Phantasie den Gegenstand stets ganz erzeugt, und nicht etwa einen Theil als überlieferten Stoff aufnimmt, einen andern aber selbstständig bildet, hat aber nur den Sinn, daß die Einbildungskraft jeden Zug tilgt, welcher uns nur ein Zufällig=Wirkliches zeigt, indem sie Alles in solche Verbindung und solchen Zusammenhang bringt, daß Jedes sich durch das Ganze rechtfertigt. Wo wir also in einem Drama auf einen Zufall stoßen, der

Wendungen, Schicksale u. s. f. herbeiführt, welche keine andere Wurzel haben, als nur den eingetretenen Zufall, uns also nicht über denselben zur Anschauung eines Nothwendigen erheben, da ist der Zufall **unpoetisch** und **ungerechtfertigt**. Sobald aber das zufällige Faktum, d. h. ein solches, welches zunächst seine Rechtfertigung nicht in sich hat, sondern äußerlich, d. h. mechanisch eine Entscheidung hervorbringt, sich als ein solches erweist, welches im Grunde nur das hervorgebracht hat, was die Phantasie dem ganzen Baue des Kunstwerks nach forderte, wodurch wir also nicht gewaltsam, gegen unsere poetische Stimmung berührt werden, da ist auch der **Zufall poetisch**, weil er durch das Leben des ganzen Kunstwerks **überwunden** wird. Ein Zufall, der eine **mechanische** Einwirkung bleibt, bringt in die **organische Sphäre** eine wirkliche Störung, einen Bruch hinein; die **mechanische** Einwirkung muß sich daher als eine **unscheinbare** erweisen, indem das organische Leben des Kunstwerks dieselbe aufhebt und zu einem Mittel für seine Existenz macht.

Der Zufall, welchen die Poesie zurückweist, ist, wie wir gesehen haben, von der Art, daß er nur als ein nacktes, unvermitteltes Faktum auftritt, welches bloß dazu da ist, eine Wendung in dem Gange der Handlung herbeizuführen, die sich aber durch den gesammten Organismus nicht als nothwendig erweist. Der Zufall, welcher nicht in die höhere Sphäre der Nothwendigkeit erhoben wird, kann nun in der dramatischen Poesie in **doppelter** Gestalt erscheinen, einmal im Gebiete der **Subjectivität**, indem er nämlich Entschlüsse und Handlungen der einzelnen Individuen bestimmt, zweitens im Gebiete der **Objectivität**, indem er den Gang der Handlung ändert, eine dramatische Katastrophe herbeiführt und als wirkliches Faktum auftritt, wodurch eine wesentliche Veränderung im Drama bedingt ist. Der Zufall in dieser zweiten Sphäre ist der Zufall im eigentlichen Sinne; ein Faktum, das so oder anders sein kann, aber die ganze Gestalt der Dinge verändert. Wir sprechen zuerst von dem **Zufall im Gebiete der Subjectivität.** Diesen können wir den **psychologischen Zufall** nennen. Der Entschluß und die Handlung eines Menschen, welche nicht gerechtfertigt sind durch seine ganze Individualität, erscheinen als ein **Zufall,** als eine von dem **Dichter** allein zu seinem Zwecke gesetzte **Willkür.** Wir nennen solche Handlungen und Entschlüsse **unmotivirt,** wenn sie durch die Natur der Persönlichkeit, der sie geliehen werden, nicht gerechtfertigt erscheinen. Das Moment des Zufalls spielt allerdings auch hier immer noch eine Rolle, selbst wenn die Handlungen des Individuums durch seinen Charakter modificirt sind; insofern nämlich als es nicht als nothwendig erscheint, daß gerade diese und keine andere Handlung aus der Individualität hervorgegangen ist. Nothwendig muß nur der Kreis, so zu sagen, die **Kategorie der Handlung** sein; freigelassen bleibt dabei immer, ob dieselbe gerade in dieser oder in einer andern Gestalt auftritt. Daß **Siegfried** seiner Gattin das Geheimniß ausplaudert, ist insofern keine nur durch des Dichters Willkür erfundene, also zufällige Handlung, als dieselbe in seiner arglosen, zutrauungsvollen, sich leicht einem geliebten Wesen hingebenden Natur begründet ist, **zufällig** ist sie nur nach der Seite, daß sich diese Natur auch in einer anderen Form, einer anderen Handlung aussprechen könnte; diese müßte jedoch ebenfalls auf dem Boden seiner Arglosigkeit und Vertraulichkeit gewachsen sein, also demselben Kreise, derselben Gattung angehören. Ein Entschluß, eine Handlung sind aber nicht mehr zufällig, sobald sie in der Persönlichkeit tief begründet sind. Der Zufall ist aufgehoben, sobald wir erkennen, daß eine Handlung ihre Wurzel in der Natur und dem Charakter eines Individuums hat. So ist z. B. nicht **nothwendig,** daß Ajax gerade durch diese Art der Raserei seine Ehre als Held verletzt, in-

dem er gegen die Heerden wüthet, aber in seiner Natur liegt
doch die Maaßlosigkeit seines Verhaltens, jene bis zur Ra=
serei sich steigernde Wuth begründet, welche dann freilich
mannigfaltige Formen annehmen kann. Daß Egmont
zurückbleibt, und Alba's Ankunft erwartet, ist in der leich=
ten, arglosen Natur des Helden begründet, welchem Miß=
trauen, Argwohn und ein scrupulöses Erwägen der Dinge
fremde Tropfen in seinem Blute sind. Daß Othello
durch Jago getäuscht wird, ist in der offenen, geraden, von
jedem Falsch entfernten Natur des Mohren begründet. Daß
Thoas Iphigenien ziehen läßt und ihr nicht etwa die
Rückkehr verweigert, liegt in der edlen, wenngleich rauhen
Natur des Scythenkönigs, welche schon vom Beginn des
Stückes an uns dargelegt wird. Daß Romeo sich nach
der Kunde von Juliens Tode den Tod giebt, ist in der
Heftigkeit seines Temperaments und der Leidenschaftlichkeit
seiner Liebe begründet. Wie Romeo einmal organisirt ist,
kann er nicht wohl anders handeln. Sein Entschluß ist
also immer eine relative Nothwendigkeit. Die Hand=
lung eines Individuums wird also in der dramatischen
Poesie um so überzeugender wirken, je mehr sie die Mög=
lichkeit des Andersseinkönnens, also den Zufall aus=
schließt, je mehr sie sich als eine aus der ganzen Organisa=
tion des Charakters folgende Nothwendigkeit dar=
stellt. Ein Entschluß, eine That des Individuums sind
mithin im Drama unkünstlerisch, sobald sie als Zu=
fälligkeiten erscheinen, welche auch mit anderen Ent=
schlüssen und Thaten hätten vertauscht werden können. Die
Poesie unterscheidet sich auch in der psychologischen Sphäre,
d. h. in der Zeichnung der Charaktere von dem gemeinen
Leben darin, daß hier die Menschen oft ganz grundlos zu
Entschlüssen und Handlungen fortgehen, Inconsequenzen
begehen, die uns unbegreiflich sind, weil uns jeder Zusam=
menhang zwischen ihrem jetzigen und früheren Thun fehlt,
in der Sphäre der Poesie aber nur die Handlung gut

geheißen wird, deren Zusammenhang in der ganzen Lebens=
wurzel des Individuums wir nachweisen können. Auch hier
scheiden sich das gemeine Leben und die Poesie durch
das Element des Zufalls, das im ersteren heimisch ist,
während die Poesie es überwindet. Die letztere hat es mit
der psychologischen Nothwendigkeit zu thun, in ersterem lie=
gen Zufall und Nothwendigkeit in beständigem Kampfe.
Die Poesie reinigt also auch in der psychologischen Sphäre
durch die Zeichnung der Charaktere das Leben der Indivi=
duen von den Zufälligkeiten ihres Denkens und Wollens,
womit sie im gemeinen Leben noch so vielfach verflocht=
ten sind.

Wir wenden uns jetzt zu dem Zufall, welcher durch
sein Eintreten die Begebenheiten und Geschicke verändert.
Wir nannten diesen Zufall im Gegensatz zu dem soeben
behandelten den **objectiven**. Auch er darf, wie wir
oben zu zeigen versuchten, in der dramatischen Poesie
nicht für sich auftreten, sondern muß irgendwie als **Zu=
fall aufgehoben** und dadurch zum Gegentheil seiner
selbst verkehrt werden. Die untergeordnetste Gestalt, in
welcher dieser **objective Zufall** auftritt, ist die, wo er
als bloße **Naturmacht** erscheint, welche das volle,
blühende, kräftige Leben dem Untergange weiht. Dieser Zu=
fall, welchem Jugend, Schönheit und Kraft erliegen, hat
zunächst gar nichts Versöhnendes; denn er hinterläßt nur
den Schmerz und die bittere Empfindung, daß die edelste,
blühendste Existenz einer rohen Gewalt Preis gegeben
ist, welche sie hinrafft, während die bedeutungslose, mittel=
mäßige Existenz ruhig daneben fortdauert. Aber als dieser
sinnlose Zufall, durch welchen nur das Schöne, Edle hin=
weggemäht wird, ohne uns eine andere Empfindung als
die Bitterkeit über das sinnlose Walten der Naturgewalt
zu machen, hat er in der Poesie keine Stelle. Soll dieser
als blinde Naturgewalt wirkende Zufall poetisch brauchbar
sein, so muß durch ihn irgendwie auch eine poetische Stim=

mung erzeugt werden. Es muß das blühende schöne Leben, welches durch die Naturgewalt hingerafft wird, zunächst als eine aus der Gattung sich heraushebende Gestalt erscheinen, welche durch ihren Glanz und Herrlichkeit den Neid des Schicksals auf sich zieht, und indem sie über die Häupter der Anderen emporragt, dem Blitzstrahl am meisten ausgesetzt ist. Dieser Gebrauch der Naturgewalt, als des blind wirkenden Zufalls, hat im griechischen Alterthume seine vornehmste und durch die ganze griechische Weltanschauung gerechtfertigte Stelle. Hier wurzelt nämlich diese Erscheinung in der Vorstellung von dem Neide der Götter, welche eine über die Gattung des Menschlichen hervorragende Gestalt wieder in ihre Schranken zurückweisen, weil sie, wenn auch sittlich durchaus nicht schuldig, sich vermaß, über den Kreis des Menschlichen, also ihrer Gattung hinauszudringen, und sich gleichsam neben die Götter zu stellen. Der Tod, der, irgendwie herbeigeführt, ein schönes, glänzendes Leben dahinrafft, tritt also hier als die unerbittliche Macht der Gattung ein, welche das Individuum wieder zurücknimmt, und zwar um so eher, je erhabener dasselbe über dem Gesetz der Gattung zu sein, je mehr es den Anspruch auf ein vollendetes Dasein zu machen schien. Jeder Tod, der, durch Krankheit, Krieg oder irgend eine andere Form der Naturgewalt verhängt wird über das blühende, hellglänzende, hervorragende Individuum, ist der Ausdruck eines rohen Zufalls, durch welchen sich das Gesetz der Gattung vollzieht, daß Alle sterben müssen. Um poetisch wirksam zu sein, darf aber die Naturgewalt niemals als ein roher, sinnloser Zufall auftreten. Auch hier muß in irgend einer Weise der bloße Zufall für unsere Anschauung zurückgedrängt sein. Wenn die Naturgewalt ein hohes glänzendes Haupt trifft, so muß in dem hervorragenden Glück und in der glänzenden Stellung des Individuums schon wenigstens der Keim der Ueberhebung über die Gattung gegeben sein. Das Individuum muß, wenn es gleich auch durch Uebermuth noch nicht positiv das Gesetz verletzt hat, doch durch seine stolze Sicherheit und seine ungemessene Selbstgenugsamkeit im Gefühl seines Glanzes und seines Glückes dazu geeignet sein, daß an dasselbe die Mahnung der menschlichen Schranke ergehe und es durch seinen jähen Sturz gewissermaßen für Alle als warnendes Beispiel gegen stolze Sicherheit im Glück und Ueberhebung erscheine. In dieser Auffassung liegt die Wahrheit der griechischen Vorstellung vom Neide der Götter mit dem gesammten religiösen Bewußtsein zusammen, indem sich in solcher Vernichtung des Hervorragenden und Glänzenden nur das allgemeine Gesetz der Gattung erfüllte, welches den Einzelnen sich zu beugen und seine Schranke anzuerkennen zwingt. Als Neid der Götter erschien die Vollziehung dieses Gesetzes der Gattung den Griechen darum, weil ihre Götter menschlich vorgestellt, menschlichen Affekten unterworfen waren, und in einer so glanzvollen, hervorragenden Existenz ein Streben erblickten, sich ihnen gleichzustellen und die Schranke zu durchbrechen, welche die Menschen von den Göttern trennt.

Aber dramatisch würde doch auch selbst diese Behandlung des Zufalls nicht ausreichen. Ist der Zufall der rohen und blinden Naturgewalt nur durch die Reflexion gerechtfertigt, daß durch sie die stolze Sicherheit und der mögliche Uebermuth einer hochstehenden Persönlichkeit getroffen werden soll, so erscheint diese Ueberwindung des Zufalls doch im Drama zu schwach, zu wenig motivirt. Hier, im Drama, wo der Mensch mit seiner Freiheit auftritt, sein Denken und Wollen ihm zugerechnet werden, hier muß der Zufall einer ihn treffenden Naturgewalt auch tiefer motivirt, d. h. durch seine Schuld gerechtfertigt erscheinen. Dann ist der Zufall in tieferer Weise überwunden; nur unter dieser Bedingung tritt er als eine Gewalt auf, welche ihre Rechtfertigung in der Vernunft hat, also als aufgehobener, die Noth=

wendigkeit als seine Wahrheit enthüllender Zufall. Wenn wir z. B. den in Jugend und Heldenkraft strotzenden Percy in Heinrich IV. durch den Zufall des Kriegsglücks niedergestreckt sehen, während Sir John Falstaff neben ihm sich seines Lebens freut, so scheint auf den ersten Blick ein blinder Zufall die Loose geworfen zu haben. Aber in Wahrheit trifft doch den edlen Heißsporn durch den Tod nur das Geschick, was er selbst heraufbeschworen hat. Der Keim des Mißlingens der Verschwörung lag schon in ihrem Entwurf und in Heißsporns aller Besonnenheit und Mäßigung ermangelnden Persönlichkeit. Daß er aber durch den Prinzen von Wales fällt, ist nur der Ausdruck der höheren Berechtigung dieser ritterlichen und zugleich so besonnenen Natur, welche schon dadurch vielmehr zur Herrschaft berufen ist, als Percy. Zugleich erscheint aber der Tod Percy's von der Hand des Prinzen als eine Gerechtigkeit gegen Percy, indem er von der Hand des würdigsten Gegners fällt. Daß Percy erliegt, ist daher sowohl in der Natur des ganzen Unternehmens, als in seiner Schuld begründet. Die Form des Zufalls, welcher allerdings den Tod Percy's herbeiführt, insofern dieser Zweikampf auch, bei demselben guten Recht des Prinzen, gegen denselben ausfallen konnte, ist mithin hier durch den von der Vernunft gerechtfertigten Inhalt überwunden und zum Ausdruck einer inneren Nothwendigkeit gemacht. Dasselbe gilt von dem Ausgange des Zweikampfes zwischen Edgar und dem Bastard Edmund im König Lear. Hält man sich nur an die Art, durch welche Edmund's Tod herbeigeführt wird, so ist es allerdings scheinbar der Zufall, der diesen Ausgang bedingt. Wir geben sogleich zu, daß Edmund eben so gut hätte siegen können; er konnte geschickter, stärker im Zweikampf sein als Edgar. Aber diese Reflexion kommt darum hier gar nicht auf, weil der Tod Edmund's und zwar durch Edgar's Hand als der Lohn seiner Frevel erscheint und durch die sittliche Weltordnung gerechtfertigt ist, welche sich aus dem Untergang der Schuldigen aufbaut. Also auch hier ist der Zufall überwunden und zum Ausdruck innerer Nothwendigkeit gemacht.

Selbst tragische Katastrophen dürfen durch einen Zufall herbeigeführt werden, sobald wir nur durch die ganze dramatische Entwicklung zu der Anschauung erhoben werden, daß dieser Zufall nur eine Form ist, durch welche sich ein nothwendiger, d. h. durch die Idee des ganzen Drama's bedingter Inhalt darstellt. Ohne dies werden wir durch das Walten des Zufalls aus der künstlerischen Stimmung herausgeworfen. Nur derjenige Zufall ist daher im Drama zu rechtfertigen, der sich als eine wirkliche Hülle für eine nothwendige Katastrophe darstellt. Wenn in Romeo und Julia die Katastrophe des Todes der beiden Liebenden durch den nicht zur rechten Zeit an den verbannten Romeo gelangten Brief des Mönches Lorenzo herbeigeführt wird, so könnte eine oberflächliche Auffassung das tragische Geschick Romeo's und Julia's von einem bösen Zufall abhängig glauben und daraus folgern, daß eine zeitige Bestellung des Briefes das ganze Schicksal derselben geändert haben würde. Aber die dramatische Gewalt dieser Tragödie beruht gerade darauf, daß wir gar nicht zu einer solchen Reflexion kommen, sondern das Geschick der beiden Liebenden als durch den ganzen Conflikt der Handlung, durch den tiefgewurzelten Haß der beiden Häuser von Hause aus bedingt sehen, daß wir Romeo und Julia selbst im Moment ihrer höchsten Liebesseligkeit schon durch die furchtbare Gewalt der Wirklichkeit dem Tod geweiht erblicken. Der Zufall des verspäteten Briefes enthüllt also hier nur das wirklich Nothwendige. Die Form des Zufalls hätte auch sehr wohl eine andere sein können, denn dies liegt in der Natur des Zufalls. Dasjenige aber, was durch diesen Zufall herbeigeführt wird, ist in sich selbst begründet, und schließt ein Anders-sein-können aus.

Wenn ferner am Schluß der Tragödie Paris im Zweikampf mit Romeo fällt, so kann dieser Ausgang, wie bei dem Fall Edmund's durch Edgar's Hand gleichfalls als ein Zufall erscheinen, denn die Kunst der Waffenführung hätte auch dem Paris den Sieg verschaffen können. Aber auch hier enthüllt der Zufall nur das Nothwendige, nur das durch das ganze Drama bedingte Schicksal. Wir kommen auch in diesem Falle darum nicht zu solcher Reflexion, weil wir in Romeo denjenigen erkennen, der durch das Recht seiner Liebe zum Siege über Paris berufen ist, indem der Letztere an dem Recht der freien, inneren Neigung gefrevelt hat, und aus des Vaters Hand empfangen will, was nur die Liebe zu bewilligen vermag. An der durch die Macht der Liebe geweihten Stätte hat Romeo ein inneres Recht, das Feld zu behaupten und den zierlichen Paris von seiner, mit Romeo's Schmerz verglichen, prosaischen Trauer zurückzuweisen. Hier hat nur derjenige ein Recht zu siegen, der auch den Muth des Todes für seine Leidenschaft hat.

Das schlagendste Beispiel für die von uns entwickelte Bedeutung des Zufalls im Drama bietet vielleicht Hamlet dar, der dem unpoetischen Verstande daher auch nur ein Complex von lauter Zufallsspielen ist. Die Verwechselung der Degen, der Irrthum der Königin, welche aus dem für Hamlet bestimmten vergifteten Kelch trinkt, sind freilich auf den ersten Blick so gut Formen des Zufalls, wie der verspätete Brief des Lorenzo in Romeo und Julia, denn sie erwecken sogleich die Vorstellung eines möglichen entgegengesetzten Ausganges. Aber auch in ihnen schließt sich in Wahrheit nur das tragische Geschick, welches die ganze Tragödie vorbereitet hat, vor uns auf. Der Tod des Laertes, wie der der Königin ist durch ihre tragische Schuld bedingt. In der Wahl der Mittel, durch welche der Dichter denselben herbeiführen wollte, war derselbe in dem Sinne frei, daß ihm unter einer Menge von Mitteln die Wahl frei stand, deren jedes indessen denselben Charakter der Zufälligkeit gehabt hätte. Aber der Tod des Laertes, wie der der Königin war durch die tragische Handlung gesetzt; hier war also der Dichter nicht, wie in der Wahl der Mittel frei. Also auch hier hebt sich der Zufall zur Nothwendigkeit auf. Wenn wir dagegen in Müllner's Schuld auf den Real zurückgewiesen werden, den Hugo's Mutter einst einer Bettlerin verweigert, woran sich der Fluch der letzteren knüpft, der dann wieder alles andere Unheil nach sich gezogen hat, so finden wir uns auf dem Boden des reinen Zufalls. Denn hier müssen wir uns sagen, ohne diesen ersten Zufall wäre die ganze Bewegung nicht erfolgt; diese wurzelt also in einer ganz willkürlichen Annahme. Darum ist die dramatische Entwicklung der Schuld, abgesehen von allen andern Mängeln, ästhetisch verwerflich, weil in ihr der Zufall nicht zur Nothwendigkeit aufgehoben und zu einer der mannigfaltigen Formen gemacht worden ist, durch welche das Nothwendige sich darstellt.

Das von uns dargelegte Gesetz, daß der dramatische Dichter niemals bei dem bloßen Zufall stehen bleiben dürfe, sondern uns durch den Verlauf überzeugen müsse, derselbe führe eine durch den ganzen inneren Zusammenhang gerechtfertigte Katastrophe herbei, gilt auch von der Komödie, in der der Zufall doch seine eigentliche Heimath hat. Hier schürzt der Zufall vorzugsweise den Knoten, bringt die Verwirrung hervor, und spannt durch neue Verwickelungen. Er ist recht eigentlich der thätige Werkmeister der Komödie. Aber auch hier kann er nur als sich selbst aufhebender Zufall ästhetisch wirksam werden. Der Zufall wird nämlich im Lustspiel durch den Zufall wieder aufgelöst. Dadurch erzeugt sich die neue Spannung und Verknotung. Das Ziel und der endliche Abschluß der komischen Handlung aber kann nur darin bestehen, daß aus diesen sich kreuzenden Zufälligkeiten ein vernünftiges Resultat hervorgehe, daß wir uns durch die Auflösung des Zufalls befriedigt fühlen, indem sich dadurch ebenfalls eine harmonische Weltordnung darstellt. Indem sich im Endergebniß dasjenige zusammenfügt, was innerlich zusammengehört, das sich scheidet, was nicht mit einander stimmt, die Schwächen und Verkehrtheiten durch den Zufall an das Licht gestellt und vernichtet werden, hebt sich der Zufall, welcher die Handlung fortleitete, in sich selbst auf und bringt die Wahrheit seiner selbst, das in sich **Nothwendige** hervor. Wenn wir genau auf die künstlerische Composition derjenigen **spanischen** Komödien achten, welche sich als **Verwickelungen des Zufalls** darstellen, so zeigen sie die vollendetste **Dialektik des Zufalls**. Sie thun nämlich dar, wie der Zufall den Zufall aufhebt, wie der eine Zufall den andern weckt und wie sie sich gegenseitig in ihrer Arbeit zerstören, aber nur um als Endergebniß eine innere **Harmonie** hervorzubringen. In dieser Gattung von Komödien, welche man alle mit dem Namen eines Calderonschen Stücks, die „**Verwickelung des Zufalls**" nennen könnte, hebt sich die in der Tragödie noch versteckte **Dialektik des Zufalls** rein heraus. Denn diese beruht eben darin, daß der Zufall, weil er ein gesetzloses Dasein, die Willkür der objectiven Welt ist, sich zum Gegentheil seiner selbst, d. h. zur Nothwendigkeit forttreibe und darin seine Endschaft erreiche. Indem nun der **Zufall** durch den **Zufall** paralysirt wird, ist es die eigne Natur desselben, welche ihn aufhebt. Dieser Wechsel der Zufälle muß aber ein unsere Vernunft befriedigendes Resultat hervortreiben, darin liegt der ästhetische Abschluß der Verwickelungen des Zufalls und dadurch sind dieselben ebenfalls ein Bild der Weltordnung. Wäre dies nicht der Fall, zerstörte der Zufall nur den Zufall, wäre das Ergebniß dieser Dialektik gleich Null, wären wir am Schluß gerade so weit wie im Anfang, bestünde der ganze Sieg nur in der Combination der Zufälligkeiten, so würde einer solchen Komödie das höchste Kriterium eines Kunstwerks, die innere Einheit immer fehlen. Denn wir müssen uns am Schluß doch sagen, daß diese Verwickelungen nun auch in's Unendliche hätten fortgesponnen werden können und daß nur die Laune des Dichters und das Bedürfniß das Stück zu beendigen, den Schluß herbeigeführt haben. Damit aber wäre unser ästhetisches Bewußtsein immer unbefriedigt. Soll dies in dem Schluß einer solchen Komödie wirklich befriedigt sein, so gehört dazu, daß wir in dem Endergebniß nur die, durch die Handlung vorbereitete Harmonie der Verhältnisse werden sehen, welche als die eigentlich innere, treibende Kraft in den Verwicklungen des Zufalls pulsirt, und sich endlich als die Wahrheit des Zufalls erweist, nämlich als die innere Vernunft. Dann zerbricht der endliche Abschluß gewissermaßen das ganze Gerüste, welches zur Aufführung des Gebäudes nothwendig war und zeigt uns das abgerundete Werk voll innerer Ordnung. So muß also auch hier auf seiner höchsten Spitze der Zufall als Zufall in der dramatischen Poesie überwunden erscheinen und sich in das Gegentheil seiner selbst, die Nothwendigkeit, verkehren. Die dramatische Poesie verschmäht eben so, wie die Philosophie der Geschichte, den Zufall, der nicht zum Ausdruck der Vernunft und Nothwendigkeit erhoben ist.

Warum gehört Shakespeare's Kaufmann von Venedig nothwendig in die Kategorie des Lustspiels?

Darüber ist man einig geworden, daß der Sprachgebrauch darüber durchaus nicht entscheiden könne. Denn: daß Shakespeare und sein Zeitalter den „Kaufmann von Venedig" als Komödie bezeichnet hat, ist darum von keiner entschiedenen Bedeutung, weil man damals eigentlich nur die beiden Gattungen der Tragödie und Komödie kannte und Alles, was nicht der Tragödie angehörte, unter die Kategorie der Komödie begriff, wie man ja auch heute noch Stücke von ernstem Inhalt in Frankreich, wenn sie nicht an den Charakter der Tragödie streifen, als Comedie bezeichnet. Davon weicht entschieden der Sprachgebrauch in Deutschland ab. Hier ist die Einschaltung des sogen. „Schauspiels" für Stücke, welche nicht einen eigentlich tragischen Ausgang haben, aber vorwiegend ernsten Inhaltes mit versöhnendem Ausgang sind, als Benennung ganz gang und gäbe geworden. Das sogenannte „Schauspiel" verträgt sogar Scenen von erschütternder und tragischer Haltung, wenn sich die Conflikte nur friedlich lösen. Diesem Sprachgebrauch gemäß hat man denn auch neuerdings den Kaufmann von Venedig auf den größten Bühnen in Deutschland als Schauspiel bezeichnet und würde ohne Zweifel, wenn dies Werk heut zu Tage als Novität über die Bühne ginge, es ebenfalls als Schauspiel und nicht als Lustspiel bezeichnen. Das rührt sowohl von der Gestalt des Shylock in seiner Totalität her, als von dem Conflikte, in welchen derselbe mit Antonio versetzt ist, ein Conflikt, welcher sogar eine Zeit lang das Leben des Antonio auf das Ernsteste gefährdet und Mitleid und Furcht erregt.

Aus dem Gesagten folgt also, daß der Sprachgebrauch über die Benennung der Kategorie, in welche der Kaufmann von Venedig gehört, durchaus nicht entscheidet. Nur der Begriff des Lustspiels und der ganze Organismus des Kaufmann von Venedig muß für die Bezeichnung desselben als Lustspiel entscheiden. Nun gehört es ganz entschieden dem Bereiche des Lustspiels an, eine Einseitigkeit, eine verkehrte Vorstellung, ein irrthümliches Princip durch seine eignen Waffen zu besiegen, sich in den Umkreis seiner Stärke zu stellen, es durch sich selbst aufzulösen und zu Falle zu bringen. Und dies ist mit dem Kaufmann von Venedig der Fall.

Shylock klammert sich mit eiserner Zähigkeit an den Buchstaben des Rechts, er kehrt dies abstracte Recht des Buchstabens gegen eine ihm verhaßte Persönlichkeit, welche dadurch Gefahr läuft, vernichtet zu werden. Aber im Augenblick der Entscheidung schlägt dies starr festgehaltene Recht des Buchstabens gegen denjenigen zurück, der es eben als unzweifelhaft anwenden will, und zwar schlägt es so zurück, daß sich dies Recht des Buchstabens gegen denjenigen kehrt, der damit triumphiren zu können gewiß war. Daß der Buchstabe gegen Shylock zurückschlägt, der den Buchstaben zur Vernichtung Antonio's brauchen wollte, daß er also durch seine eigne Waffe getödtet, und in seiner eignen Schlinge gefangen wird, macht die Lösung des Confliktes zu einem heiteren, dem Lustspiel angehörenden.

Der Buchstabe hat den Buchstaben getödtet, und aus diesem Tode ist der Geist entstanden. Das ist **versöhnend und heiter.**

Thut denn **Minna von Barnhelm** etwas Anderes, als daß sie sich in die verkehrte, grillenhaft mit äußerster Zähigkeit von **Tellheim** festgehaltene Vorstellung von Ehre eingehend, mit den Waffen Tellheim's selbst gegen denselben kehrt und ihn so mit seinen eigenen Waffen schlägt? Durch die Art der Lösung des Confliktes ist daher Minna von Barnhelm **Lustspiel** so gut wie der Kaufmann von Venedig.

Die Auflösung des von Shylock starr festgehaltenen Rechts des Buchstabens durch den Buchstaben geschieht im Kaufmann von Venedig durch den Witz eines geistreich humoristischen Märchens. Denn, ob der geistreiche Einfall, den Buchstaben so gegen den Buchstaben zu kehren, vom Doctor Bellario herrührt, von dem Porzia gesendet wird, ist völlig gleichgültig. Porzia ist für den Zuschauer die eigentliche Trägerin dieser Katastrophe. Darum hat auch Shakespeare Alles gethan, um durch die Gestalt der Porzia den Zuschauer in die **heitere** Stimmung zu versetzen, welche ihm die Gewißheit giebt, daß es in dem Stücke nicht wirklich zu einem tragischen Ausgang kommen wird. Schon indem uns der Dichter die liebenswürdige, von Geist und Witz sprudelnde Porzia in ihrem geistreichen Uebermuth vor Shylock's Erscheinen vorgeführt hat, ist in dem Zuschauer diejenige Stimmung erzeugt, welche ihn fort und fort begleitet, und gleichsam Bürge eines heiteren Ausganges ist. Da aber Shakespeare doch den Conflikt im vierten Akt bis zur äußersten Grenze des Tragischen fortgeführt hat, indem man für das Leben des Antonio zittert, so hat er zugleich die Nothwendigkeit empfunden, die erregten Dissonanzen völlig ausklingen zu lassen, und in beruhigende Accorde hinüber zu führen.

Darin liegt die Bedeutung des fünften Aktes des Kaufmanns von Venedig, den nur diejenigen für überflüssig erklären können, welche auf dem rohen Standpunkt stehen, in der Kunst sich mit dem nur Stoffartigen zu begnügen und von ihr nur den materiellen Inhalt einer äußerlichen Handlung erwarten. Für diese Gattung von Barbaren ist der Kaufmann von Venedig allerdings mit dem vierten Akte geschlossen. Daß aber Shakespeare die Nothwendigkeit gefühlt hat, noch einen ganzen Akt voll des süßesten Reizes wie vom rosenfarbigsten Humor zum Verklingen der Dissonanzen zu verwenden, beweist am Augenfälligsten, daß wir uns im Kaufmann von Venedig auf dem Boden des Lustspiels befinden, an welchen wir selbst in der Gerichtsscene, welche sich doch am weitesten von dem Charakter des Lustspiels entfernt, durch Graziano und einzelne Aeußerungen der Porzia gemahnt werden.

So entschieden der Kaufmann von Venedig aber auch seinem Wesen nach Lustspiel ist, so wenig folgt daraus, daß Shylock eine komische Figur ist, wozu ihn neuerdings eine Abhandlung hat stempeln wollen. Auch Scharfsinn und Bildung können einer unhaltbaren Auffassung nicht aufhelfen. Dafür liefert dieser Aufsatz wieder einen beredten Beleg. Der Verfasser desselben führt als Argument für den komischen Charakter des Shylock an, daß derselbe wesentlich nur von den Momenten der Habsucht und des Geizes beseelt sei, den Antonio als seinen gefährlichsten Gegner zu vernichten, weil dieser, da er sein Geld ohne Zinsen leiht, den Wucher Shylock's fort und fort beeinträchtigt habe. Aber ist denn ein habgieriger, verhärteter Geizhals als solcher schon komisch? Nimmermehr! Er kann es werden, wenn er in solche Situationen gebracht wird, wo er einen mit Schlauheit erstrebten Gewinn durch eine witzige Combination eines Anderen einbüßt, also wenn er dem Geizhals die wucherisch zu erwerbende Summe dadurch entreißt, daß er ihn durch eine ungeahnte Combination, einen klug ersonnenen Einfall überflügelt, während sich der Geizhals auf jede Weise davor gesichert zu haben glaubte.

An und für sich sind die gehässigen Eigenschaften der Habsucht und des Geizes noch durchaus nicht komischer Natur. Würde also Shylock durch seinen, dem Antonio abgeforderten, mit allem Raffinement verklausulirten Schuldschein eine bedeutende Summe haben ablisten wollen, daran aber durch die Schlauheit eines Anwalts nicht nur verhindert, sondern im Gegentheil zu einem ungeahnten Verluste verurtheilt worden sein, so wäre Shylock eine komische Figur. Aber von alledem ist bei Shylock gar nicht die Rede. Wir sehen Shylock in seinem Handel mit Antonio durchaus nicht von schmutziger Geldgier beseelt, er will ihn nicht übervortheilen, sondern vernichten. Shylock ist von glühendem Haß und brennender Rachsucht gegen Antonio getrieben. Der habsüchtige Shylock verschmäht jede ihm gemachte Anerbietung eines selbst großen Geldgewinnes, nur, um Antonio's Leben zu haben, nur, um die Ratte, die in seinem Hause stört, zu beseitigen.

Es ist eine unfreiwillige Komik, in welche der Verfasser der gedachten Abhandlung hineingerathen ist, wenn er das von Shylock in der höchsten Wuth gesprochene Wort: „Er (Antonio) hat mir eine halbe Million gehindert," wörtlich und gleichsam als ein genau berechnetes Rechen-Exempel auffaßt, gegen welche Summe die ebenfalls ganz wörtlich genommene Zurückweisung des sechsfach getheilten Ducaten, von dem jeder Theil einen Ducaten betrüge, nur höchst geringfügig sei. Es ist wahrlich unfreiwillig komisch, wenn man, wie der Verfasser, bei der Stelle an ein kaufmännisches Rechen-Exempel denkt, wobei nach der gezogenen Bilanz Shylock immer noch im Nachtheil sei, wenn er die ihm gebotene Summe für die Vernichtung des Scheins annähme. Der Verfasser vergißt bei dieser Berechnung von Gewinn und Verlust nur die Kleinigkeit, daß Shylock „nicht um Venedig" den Schein zerreißen würde. Und Venedig würde doch auch der Verfasser noch höher als eine Million taxiren? Es giebt also für Shylock überhaupt gar keinen materiellen Preis, für welchen er seinen Schein verkaufen würde. Sehr einfach, weil er die volle Vernichtung Antonio's will, la mort sans phrase! Wenn nun schon Geiz und Habsucht als solche noch durchaus keine Eigenschaften sind, wodurch eine Person komisch wird, so noch viel weniger die Affekte des Hasses und der Rache. Tragisch, wie wir eben sagten, wird freilich ein Individuum noch durchaus nicht durch diese, nur auf Vernichtung eines Menschen ausgehenden Affekte, aber komisch nun und nimmermehr!

Der Verfasser bemüht sich auf alle Weise, das Motiv des Hasses Shylock's gegen Antonio, den Christen, als ganz unerheblich zu bezeichnen, damit sich nur der Haß des wucherischen Kaufmanns gegen den königlichen Kaufmann als das einzige Motiv seiner Rache und seines Hasses herausstelle. Der Verfasser geht hierbei fast naiv zu Werke. Während er Shylock's Worte über Antonio:

„Ich haß' ihn, weil er von den Christen ist,
Doch mehr noch, weil er aus gemeiner Einfalt
Umsonst Geld ausleiht und den Preis der Zinsen
Hier in Venedig uns herunterbringt."

mit möglichster Sorgfalt, gleichsam nach Prozenten, mißt, wonach ein viel geringerer Prozentsatz auf den Haß gegen den Christen, als gegen den Kaufmann herauskomme, erklärt er die Ergüsse des tiefsten leidenschaftlichen Hasses gegen den Christen, jene furchtbare Dialektik des jüdischen Hasses gegen die christlichen Verfolger für unwesentlich, worauf, als auf Phrasen, kein besonderes Gewicht zu legen sei! Natürlich! Shylock soll zu einer komischen Figur werden, und damit contrastiren freilich jene leidenschaftlichen Ergüsse gar sehr.

Aber die Sache ist ganz einfach. Die beiden Elemente, von welchen Shylock bewegt wird, sind Habsucht und

Christenhaß, und zwar sind dieselben in ihm so unzertrennlich verbunden, daß man sie nicht chemisch, nach Prozenten, scheiden kann. Durch diese Doppelherrschaft der Habsucht und des Christenhasses entsteht Herzenshärtigkeit in Shylock, wodurch derselbe dämonisch ist, insofern wir darunter jenen bis zum Aeußersten getriebenen Affekt verstehen, der sich des ganzen Menschen bemächtigt und ihn unter seine Herrschaft gebracht hat. Shakespeare hat durch die Verachtung und Mißhandlung, welche Shylock, der Jude, von dem Christen Antonio, selbst auf dem Rialto, erfahren hat, einen Schatten auf den christlichen Stolz geworfen, dem auch eine so edle Natur, wie Antonio, unterworfen ist, und bei allem Grauen, welches in uns die unerbittliche Herzenshärtigkeit Shylock's erregt hat, sagt uns doch eine gewisse Stimme, daß sich in Shylock, dem verächtlich behandelten Juden, der Zorn des Menschen empört, und ihn bis zur Unmenschlichkeit fortgerissen hat. Vergißt man denn in Anschlag zu bringen, daß Shylock's Haß gegen Antonio, den christlichen Kaufmann, wächst, da dem Juden Shylock gerade von dem Christen die größte Unbill, das tiefste Leiden bereitet wird? Schon des Lanzelot Abgang von ihm zum Bassanio kränkt Shylock, die Flucht der Tochter aber mit dem Christen Lorenzo bringt ihn außer sich und verhärtet ihn vollends gegen jedes Mitleid mit dem Christen Antonio. Und dadurch erhält sein Haß gegen Antonio, wie die Hartnäckigkeit in seiner Verfolgung des Antonio einen dämonischen Charakter, was jeden Anflug eines komischen Elementes ausschließt. Deshalb ist Shylock aber nicht etwa der Märtyrer seines Stammes, denn er leidet für keine geistigen Güter, für keine Idee, die er unangetastet erhalten will, sondern er bleibt in Ewigkeit der herzlose, jüdische Wucherer. Es folgt daraus durchaus nicht, daß die Juden zu jener Zeit in Venedig keine bürgerlichen Rechte genossen hätten, oder auf ein besonderes Stadtviertel beschränkt gewesen wären; aber die dem Zeitalter angehörende

Intoleranz und der christliche Hochmuth ziehen sich gleichwohl durch den Kaufmann von Venedig hindurch. Ist denn nicht die tyrannische Forderung, welche man zuletzt an Shylock als Bedingung für seine Begnadigung stellt, sich zum Christenthum zu bekennen, woran doch wahrlich der Christenheit nichts liegen kann, ein Zeugniß christlicher Intoleranz und Tyrannei?

Wenn der Verfasser der gedachten Abhandlung, die den Shylock zu einer komischen Figur machen möchte, für seine Behauptung noch anführt, daß ein berühmter Charakterdarsteller des Shylock im Gefühl, daß die ganze auf Shylock's Bekehrung zum Christenthum bezügliche Stelle mit dem Charakter des Shylock, dämonisch gespielt, im Widerspruch stehe, diese Stellen gestrichen habe, so bedauern wir unserseits die schamlose Frechheit des Schauspielers, welcher seinen verwahrlosten Verstand zum Maaßstab für das in Shakespeare Gehörige oder Ungehörige macht und sich darnach seine Rolle zurichtet. Derselbe Charakterdarsteller würde sich vielleicht auch den Dank unseres Verfassers verdienen, wenn er alle die Stellen, aus welchen der von den Christen gemißhandelte Jude in wilder Wuth spricht, ebenfalls beseitigte, da sie doch eigentlich nur unwesentliche Phrasen sind.

Endlich müssen wir den Verfasser der Abhandlung über Shylock noch aus einer süßen Illusion reißen. Er sieht nämlich als Hauptgrund für die jetzt gang und gäbe gewordene Auffassung Shylock's als tragischer Charakter an, daß die berühmtesten Darsteller dieser Rolle dem Stamme Shylock's angehörten und durch ihre Darstellung Shylock's Mitleid für den zuletzt vernichteten Juden erregen wollten und aus Sympathie für ihren Stamm diesen Weg gegangen seien. Wir bedauern, dem Verfasser sagen zu müssen, daß die drei bei Weitem berühmtesten deutschen Darsteller des Shylock: Fleck, Ludwig Devrient und Seydelmann, welche in ihrer Charakterdarstellung des

Shylock vor Allem die dämonischen Elemente herausgekehrt und sich also von der Auffassung des Shylock als komische Figur am weitesten entfernt haben, **nicht dem Stamme Shylock's angehörten, sondern Christen waren**. Wenn aber ein Schauspieler unserer Zeit sich wirklich so weit verirren sollte, den Shylock als komische Figur, mit Beseitigung alles komischen Elementes, darzustellen, so haben wir zur Intelligenz des Publikums und der Kritik so viel Zutrauen, daß Beide eine solche Darstellung mit souverainem Hohne zurückweisen würden.

Andeutungen über den hohen Werth des spanischen Lustspiels: Donna Diana von Moreto.

Wie man den „**Don Juan**" von **Mozart** wohl **die Oper der Opern** genannt hat, so darf man auch wohl das herrliche Lustspiel „Donna Diana" **das Lustspiel der Lustspiele** nennen. Dasselbe hat sich denn auch überall, wo es mit ausreichenden Kräften zur Aufführung gekommen ist, Bahn gebrochen, und ist namentlich in Deutschland so populär geworden, als ob es ein deutsches Originalwerk wäre. Sowohl die **Idee** als die **Durchführung** derselben verdienen beide unbedingtes **Lob**. Zunächst ein Wort über die **Idee** des Werkes. Dieselbe gehört ganz dem Kreise des **Lustspiels** an. Ein schönes und geistvolles Weib von hoher Geburt hat sich mit allen Waffen des Geistes in die Idee hinein gelebt und darin verloren, daß sich das Weib durch Liebe und namentlich durch die Ehe entwürdige und um seine Freiheit und Selbstständigkeit bringe, daß es also der Beruf und die Aufgabe eines edlen Weibes sei, sich der Liebe wie der Ehe gleichmäßig zu entziehen und jede Bewerbung mit Hohn zurückzuweisen. Diese Idee, von welcher Donna Diana beseelt erscheint, ist aber gegen die Natur, mithin in sich verkehrt, und menschlich unwahr. Das Lustspiel stellt sich nun die Aufgabe, die Trägerin solcher Ideen aus ihrem Wahne herauszutreiben, mithin ihre ganze Lebensrichtung zu vernichten und sie zur Aufgebung ihres Irrthums, also zur Umkehr zu nöthigen. Dadurch also, daß ein Wahn, zu einer fixen Idee gesteigert, aufgelöst und vernichtet wird, kündigt sich dieses Werk sogleich als ein echtes Lustspiel an. Die Art aber, wie die Auflösung des falschen Prinzips geschieht, zeigt uns erst das Kunstwerk in seinem hellsten Lichte. Donna Diana wird nicht durch irgend eine äußere Thatsache oder Wendung in ihrem Wahne erschüttert, sondern durch ihre eignen Waffen aus ihrer verkehrten Lebensrichtung herausgetrieben und zur Umkehr genöthigt. Das Lustspiel zeigt uns also, und darin besteht zunächst schon seine hohe Bedeutung, den ganzen Auflösungsprozeß der Donna Diana durch alle Stadien hindurch. Der Träger und der Vollzieher dieses Vernichtungsprozesses ist Don Cäsar, welcher sich ganz in den Umkreis ihrer Stärke stellt, ihre eignen Waffen gegen sie kehrt und sie von innen heraus zur Auflösung ihres Wahnes Schritt für Schritt zwingt. Der Dichter hat durch die Gestalt des Don Cäsar dafür gesorgt, daß wir vom ersten Augenblicke an uns für diesen ritterlichen Prinzen interessiren, sein Wirken und sein Ringen mit immer steigender Spannung begleiten und an seinem Siege den höchsten Antheil nehmen. Durch die Art, wie Don Cäsar seinen Zweck verfolgt, wie durch den Aufwand von Geist, welchen er wachsend entfaltet, ist er seines Sieges im höchsten Grade würdig, und wir jubeln Schritt für Schritt über den Triumph, welchen er erringt, indem er dem weiblichen Stolze den mächtigeren Stolz entgegenstellt, den Wahn der Fürstin aus sich heraus vernichtet, und so die sittliche Idee als Resultat des Ganzen vor uns entstehen läßt. Um diesen Triumph zu feiern und den Sieg vollständig darzustellen, erschuf der Dichter die Gestalt des Perin, des Secretairs der Fürstin, eine Gestalt, welcher der spanische Grazioso als Typus zu Grunde liegt, die indessen durch die unendlich geistreiche Bewegung des Perin weit über die ursprüngliche Gestalt des Grazioso erhoben wird. Perin ist gewissermaßen der vergeistigte Grazioso und, obgleich dem spanischen Boden angehörend und aus demselben erwachsen, doch zugleich eine Figur von allgemeinstem menschlichem Interesse, und daher, obgleich Spanier, allen Nationen angehörend. Es ist ebenso künstlerisch als natürlich, daß der Gedanke, den Wahn der Donna Diana aufzulösen, und sie mit ihren eignen Waffen zu vernichten, zuerst im Kopfe Perin's entspringt. Dieser Gedanke ist das Product seiner reichen Welt=Erfahrung und Menschenkenntniß. Durch seinen steten Verkehr mit der Fürstin hat er die Ueberzeugung gewonnen, daß sie diesen Waffen nicht widerstehen könne. Nur in einer Natur, die nicht selbst von Leidenschaft zur Fürstin befangen ist, konnte ein solcher Gedanke entstehen. Jeder der fürstlichen Bewerber wäre durch seine Liebe und Leidenschaft für die Fürstin unfähig gewesen, einen solchen Gedanken zu fassen, durch welchen er sich mit der höchsten Geistesfreiheit dem Gegner gegenüberstellt. Der Dichter hat aber auch noch dem Perin ein persönliches Interesse verliehen, nämlich seine eigne Neigung zur Floretta, um es erklärlich zu machen, daß Perin in der Verfolgung seines Zweckes so rastlos thätig ist, und dem ganzen Entwicklungsgange mit so inniger Freude folgt.

Es gehört zu den feinsten und geistreichsten Zügen des Dichters, daß er zwar das Princip, durch welches Donna Diana besiegt wird, in Perin's Kopfe entstehen läßt, die ganze Ausführung dieser Thätigkeit aber dem Prinzen überläßt. Perin ist daher etwa nicht nur Souffleur des Don Cäsar; der=

selbe wird nicht etwa wie eine Puppe am Drahte von dem Willen des Perin geleitet, sondern Don Cäsar vollbringt schöpferisch die Durchführung des Princips, welches Perin nur in ihm angeregt hatte. Im entgegengesetzten Falle würde Don Cäsar zu einer völligen Unselbstständigkeit herabsinken und liefe Gefahr, zu einer Marionette zu werden. Es ist daher ein außerordentlich feiner Zug des Dichters, daß er uns Don Cäsar wachsend und selbst erfinderisch in seiner Thätigkeit zeigt, so daß selbst Perin von der Geisteskraft und dem schöpferischen Verstande des Prinzen in seinem Feldzuge zuletzt auf das Höchste überrascht wird. Diese schöpferisch wachsende Thätigkeit des Don Cäsar kommt zugleich auch der Donna Diana wesentlich zu Gute. Denn, je geistreicher Don Cäsar in der Art erscheint, wie er seinen Zweck durchführt, desto würdiger erscheint er der schönen und stolzen Fürstin, desto lebhafteren Antheil zollen wir seinem endlichen Triumphe.

Wir müssen es noch als einen ganz besonders feinen und geistreichen Zug des Dichters herausheben, daß uns derselbe den ganzen Vorgang seines Lustspiels in dem Rahmen eines Festes vorgeführt hat, welches der Freiheit der Bewegung und der Sitten völlig freien Spielraum läßt. Dadurch war sowohl, ohne Verletzung der Etikette, eine rasche Annäherung und Begegnung zwischen Cäsar und Donna Diana möglich und erklärlich, als auch am Schlusse des Lustspiels das Selbstbekenntniß der Donna Diana ohne alle Verletzung ihrer Weiblichkeit herstellbar, daß der größere Stolz sie überwunden habe, ein Bekenntniß, durch welches sie ihr ursprüngliches Princip mit Freiheit aufgiebt und als einen Irrthum eingesteht. Ohne diesen schönen Rahmen eines Festes, welches die freieste Bewegung gestattet, wäre ein solches Bekenntniß der Donna Diana immer demüthigend und für die Weiblichkeit verletzend gewesen.

Wir wollen diesen Entwickelungen über den **Kunstwerth** des herrlichen Lustspiels noch einige Andeutungen über die **Darstellung der Donna Diana** hinzufügen.

Donna Diana ist jedenfalls eine der schwersten wie interessantesten Aufgaben für die dramatische Darstellung. Sie fordert einen seltenen Verein glänzender Eigenschaften. Erscheinung, Haltung, Bewegung soll uns die Frau, welche den höchsten Kreisen angehört und zugleich hochbegabt ist, verkörpern. Dazu muß die Darstellerin wahrhaften Kunstverstand mitbringen, um uns die zartesten Uebergänge von dem ursprünglichen Stolze bis zur völligen Auflösung ihres Principes darzulegen. Die Rolle fordert also eben so viel Feinheit des Salontones als Gemüthstiefe, um die innere Zerstörung dieser großartig angelegten Natur begreiflich zu machen. Die Darstellung der Donna Diana läßt zwei verschiedene Auffassungen und Versinnlichungen zu, deren jede einen eigenthümlichen Kunstwerth behaupten kann. Donna Diana kann zunächst vom rein menschlichen Standpunkt aus dargestellt werden. Hier wird es dann die Aufgabe der Künstlerin sein, uns ein hochbegabtes, geistreiches Weib in einem Wahne befangen darzustellen, aus welchem sie Schritt für Schritt vertrieben wird. Von diesem Standpunkte aus erscheint dann Donna Diana als ein geistreiches, glänzendes Weib, welches sich in eine fixe Idee so hinein gesponnen hat, daß es von der Wahrheit derselben absolut durchdrungen ist. An dieser Donna Diana wird durch die Handlung der Wahn, in welchem sie befangen ist, Schritt für Schritt vernichtet, und ihr Irrthum durch alle Stadien aufgelöst. Von diesem Standpunkt aus wird wesentlich nur die Verkehrtheit, von welcher das Weib ergriffen ist, zerstört, und die Bekehrung der Fürstin erscheint als ein ganz natürlicher Prozeß, welchen das Weib an sich erfährt, und dem es, trotz allen Widerstrebens, endlich erliegt.

Aber die Darstellerin kann auch in der Darstellung die Spanierin als Ausgangspunkt nehmen, und uns durch die Durchführung des Charakters ganz auf nationalen Boden versetzen. Von diesem Standpunkte aus wird nicht nur das Weib in seinem Wahne vernichtet und sein Irrthum aufgelös't, sondern es wird eine Spanierin, welche diesen Wahn mit dem leidenschaftlichen Temperamente ihrer Nation genährt hat, bis zur Vernichtung zerstört und zur Aufgebung ihres Irrthums genöthigt. Eine Darstellerin, welche diese nationale Seite besonders herauskehrt und zum Ausgangspunkt macht, muß durch ihre ganze Persönlichkeit dazu berufen sein. Sie muß hohen Sinn, Stolz und Gluth verrathen, welche uns in jedem Augenblick an ihre südliche Abstammung mahnt. Erzwingen läßt sich die Durchführung von diesem Standpunkt nicht. Die Natur muß durch die edelste Persönlichkeit, wie durch die Leidenschaft des Blicks wie des Tons dazu berufen sein. Eine Künstlerin, welche diese Eigenschaften nicht mitbringt, thut viel besser, diese Auffassung nicht zu versuchen, sondern sich ganz auf den allgemein menschlichen Standpunkt zurückzuziehen und sich darauf zu beschränken. Da auch dieser, wie wir gezeigt, ein hohes Recht und eine ewige Bedeutung hat, so wird eine Donna Diana, welche diesen Charakter durch alle Phasen hindurchführt, niemals ihren Zweck verfehlen, sondern wird unfehlbar eine große Wirkung im Geiste des Lustspiels ausüben. Stehen einer Künstlerin aber diejenigen Mittel zu Gebote, durch welche sie den Zuschauer auf den spanischen Boden versetzen kann und uns die Illusion eines südlichen Naturells erzeugt, so wird sie immer den höchsten Triumph feiern, wenn sie, unbeschadet des allgemein menschlichen Gehaltes, der natürlich immer zur Geltung kommen muß, uns auch das spanische Weib zeigt, wodurch die ganze Gestalt an Wahrheit und Tiefe nur gewinnen kann. Namentlich wird von diesem Standpunkt aus der letzte Akt, in welchem Donna Diana innerlich vernichtet wird, von der höchsten Wirkung sein und uns wahrhaft tragisch berühren.

Das Wesen und die Bedeutung der Exposition im Drama, mit besonderem Hinblick auf einzelne mustergültige Expositionen.

Die Exposition ist in der dramatischen Poesie von höchster Wichtigkeit, und es ist wohl der Mühe werth, ihren Begriff und ihre künstlerische Bedeutung festzustellen. Was will und soll eine künstlerische Exposition im Drama leisten? Sie soll uns in die Handlung selbst ungesucht und naturgemäß einführen und uns eine Perspective in die sich entwickelnde Collision des Dramas eröffnen. Die erste Forderung, welche wir an eine künstlerische Exposition zu machen haben, ist die, daß dieselbe organisch mit dem ganzen Drama zusammenhänge und die Handlung und die Collision gewissermaßen im Keime einschließe. Der wahre künstlerische Werth einer Exposition wird sich daher erst aus dem ganzen Bau eines Dramas ergeben können, erst aus der Uebersicht des ganzen Baues wird man die Zweckmäßigkeit und Festigkeit der Grundsteinlegung beurtheilen können. Eine Exposition wird also für das Drama ungefähr das zu leisten haben, was die Ouverture für die Oper leisten soll. Die Ouverture trägt gewissermaßen die Oper im Auszuge in sich und schließt die großen musikalischen Motive, welche die Oper verarbeitet, ein. Die wahrhaft künstlerische Ouverture soll nicht etwa eine Mosaik der in der Oper hervorragendsten Melodien sein, sondern vielmehr nur die großen musikalischen Motive und Gegensätze in sich bergen. In dem künstlerisch vollendeten Drama sollen die in der Exposition bereits eingeschlossenen Motive und Gegensätze herausgearbeitet und künstlerisch abgerundet erscheinen. Dasselbe fordern wir in der Oper für die Ouverture, und alle klassischen Ouverturen leisten das auch. Ein ästhetisches Urtheil läßt sich daher sowohl über die Exposition im Drama als über die Ouverture nur aus der ästhetischen Ueberschau des ganzen Kunstwerks fällen. Den höchsten Werth legen wir darauf, daß eine wahrhafte Exposition innerlich mit dem Drama zusammenhängt, d. h. also, daß in derselben nichts zur Sprache gebracht wird, was im Fortgange der Entwicklung nicht weiter ausgearbeitet wird, sondern daß alle in der Exposition eingehüllte Momente im Drama selbst ihre Entwicklung und Abrundung finden. Vor Allem muß daher die Exposition einfacher Natur sein, d. h. uns Verhältnisse und Gegensätze vorführen, welche sich aus sich selbst genügend und mühelos erklären und zugleich ein helles Licht auf die Entwicklung und den Kampf werfen, welche in diesen Verhältnissen eingeschlossen ruhen. Eine künstlerische Exposition giebt uns also die eigentliche Voraussetzung des Drama's, über welche nicht weiter zurückgegriffen werden kann; sie giebt uns ferner die Natur der Verhältnisse und der Situationen an, auf welche es in der bevorstehenden dramatischen Entwicklung ankommt; sie zeigt uns ferner den Boden, auf welchem wir uns befinden und erregt im Zuschauer die natürliche Spannung für die Elemente und Conflicte, welche in der Exposition eingeschlossen liegen. Man darf daher behaupten: in einem wahrhaft dramatischen Kunstwerke wird nichts entwickelt und herausgestaltet, als was nicht schon in der Exposition, wenn auch nur leise, angedeutet ist. Eine **künstlerische Exposition** bietet daher dem Dichter den unermeßlichen Vortheil, sein Publikum in die für die Sache **geforderte Stimmung** zu versetzen und gleichsam den Antheil für die folgende Entwicklung zu erobern. Werden die in der Exposition mit Recht angeregten Erwartungen nicht erfüllt, so ist dies ein Beweis, daß entweder die Exposition zu viel verheißen hat, daß also die Kraft des Dichters nicht ausreichte, die angeregten Erwartungen zu erfüllen, oder daß der Dicher in seiner Exposition der Handlung **äußerliche** und **unorganische** Momente eingeflochten hat. In beiden Fällen leistet die Exposition nicht das, was sie leisten soll und ist kein **organisches Glied des ganzen Drama's**.

Wirft man einen Blick auf die **vollendetsten Expositionen** dramatischer Kunstwerke, so wird man das Gesagte überall und durchweg bestätigt finden. Einige Andeutungen werden das Gesagte bewahrheiten.

So ist unter andern, um ein Beispiel aus dem **griechischen Alterthum** zu nennen, die Exposition in der „Antigone" des **Sophokles** ein **Meisterstück** ersten Ranges. Denn wir erfahren durch sie in der ungesuchtesten Weise den Befehl und das Verbot des Herrschers, **Polynikes als Vaterlandsfeind** zu beerdigen. Wir erblicken ferner in den beiden Schwestern, der Antigone und Ismene, schon im Keime den Gegensatz der heroischen todesmuthigen Thatkraft, welche aus **Pietät** selbst entschlossen ist, dem Verbote des Herrschers zu trotzen, um das göttliche Gesetz zu erfüllen, in der Antigone und der zwar liebevoll gesinnten, aber durch nur **verständige Reflexion** vor der That zurückbebenden Schwester Ismene. Der Kampf zwischen **Familie** und **Staat**, wie die heroische Kraft der Antigone, welche das tragische Geschick gegen sich heraufbeschwört, sind in dieser Exposition mit den sichersten **Strichen** bereits vorgezeichnet, so daß die Tragödie selbst eigentlich nur die aus dem Keime der Exposition entwickelte Handlung ist. Um ein Beispiel aus der modernen Literatur zu citiren, gedenken wir der musterhaften Exposition im Goethe'schen „Egmont". Diese Exposition ist darum so meisterhaft, weil sie uns einerseits die Niederländer je nach ihren Provinzen, denen sie angehören, über den Druck, den sie erdulden, und über die Verletzung ihrer Privilegien, welcher sie fortwährend ausgesetzt sind, in der aufgeregtesten Stimmung zeigt und also auf einen unvermeidlichen Kampf und eine tragische Lösung hinweist, während uns das erste Erscheinen des Egmont sogleich die Liebenswürdigkeit, Leutseligkeit und das hohe Ansehen des Helden ankündigt, welches derselbe unter seinen Landsleuten genießt. Auch hier liegt die ganze Tragödie schon in der Exposition, schon im Keime eingeschlossen.

Wir deuten endlich noch hin auf die berühmte Exposition in Molière's Tartuffe, von welcher Goethe einmal in den Eckermann'schen Gesprächen sagt, daß diese Exposition nur einmal in der Welt sei. Bei näherer Untersuchung dieser Exposition muß man Goethe vollkommen Recht geben. Denn diese bewunderungswürdige Exposition zeigt uns einmal in dem Dialog der verschiedenen Familienglieder, welchen Einfluß sich bereits Tartuffe im Hause des Orgon gewonnen hat, und wie tiefe Wurzel die Pietät für ihn in den Häuptern der Familie bereits geschlagen hat. Die Exposition zeigt uns mithin das tiefe Zerwürfniß innerhalb der Familie durch den Einfluß des Tartuffe und erregt mit Recht im Zuhörer Mißtrauen gegen einen Mann, welcher sich einen solchen Einfluß zu verschaffen gewußt hat. Die genannten Beispiele zeigen uns, daß die wahrhaft mustergültige Exposition nur Ausführungen des Gesetzes sind, welches wir zum Bewußtsein zu bringen versucht haben.

Was versteht man unter einem Tendenz=Drama? Hat dasselbe eine künstlerische Berechtigung?

Das Tendenz=Drama steht dem Drama im gewöhnlichen Sinne gegenüber. Das Letztere läßt eine Handlung vor uns werden, durch welche eine sittliche Idee versinnlicht wird. Das Tendenz=Drama dagegen will, wie schon sein Name ankündigt, eine bestimmte Richtung fördern, also einem praktischen Zweck dienen und für denselben wirken. Das Tendenz=Drama geht also stets darauf aus, durch die Handlung eine gewisse Richtung zu verfolgen und dadurch auf die Gemüther insofern einzuwirken als dieselben für diese Richtung gewonnen und begeistert werden. Beide, sowohl das Tendenz=Drama, als das eigentliche Drama, entfalten eine Handlung vor uns. Aber während sich im eigentlichen Drama die Handlung durch die Charaktere vor uns ausbreitet und aus denselben sich organisch abrundet, so daß sich eine sittliche Idee vor uns daraus aufbaut, macht das Tendenz=Drama die Handlung nur zu einem Mittel, um dadurch für einen praktischen Zweck zu wirken, und lebhaft zu interessiren. Im eigentlichen Drama wächst die sittliche Idee organisch aus der Handlung hervor, sie ergiebt sich also ganz ungesucht und erscheint als der Zweck der dramatischen Handlung, denn dieselbe ist nur ein Mittel, um einen bestimmten Zweck zu erreichen. Im Gesagten liegt schon, daß das Tendenz-Drama einen eigentlich künstlerischen Werth nicht haben kann, es dient vielmehr nur einer Richtung, und will dadurch, daß es die Gemüther für diese Richtung gewinnt, praktisch und gewissermaßen reformatorisch wirken. So berechtigt die Richtung auch sein mag, und so sittlich auch der praktische Zweck eines Tendenz-Dramas ist, so wird, wie einleuchtend, die Kunst durch dasselbe doch immer zu einem Mittel herabgesetzt. Dadurch aber ist es künstlerisch schon verurtheilt, indem es nicht, wie das eigentliche Drama Selbstzweck ist, welcher sich vor uns entwickelt, sondern nur einem praktischen Zwecke dient. Im Tendenz-Drama wird also die Kunst mehr oder weniger immer zu einem Mittel herabgesetzt. Das eigentliche Drama hat außer der aus der Handlung sich ungesucht ergebenden Idee gar keinen äußeren Zweck. Es will die Gemüther nur durch die sich vor uns entwickelnde Handlung erheben, gleichviel ob dadurch irgend etwas in der Wirklichkeit verändert wird oder nicht. Das Tendenz-Drama dagegen erstrebt mehr oder weniger immer eine Veränderung der Gemüther für einen praktischen Zweck hervorzubringen, sei dieser Zweck nun ein socialer, ein politischer, oder ein religiöser. Der Dichter des Tendenz-Dramas wird also, so berechtigt auch sein Zweck sein mag, und so wirksam sich auch seine Schöpfung erweist, doch niemals die höchste Palme der Kunst gewinnen können. Der reinste dichterische Lorbeer gebührt immer nur dem Künstler, dem bei seiner Schöpfung das Kunstwerk letzter Zweck ist. Das Tendenz-Drama vom höchsten Werthe wird sich daher niemals in künstlerischer, also in ästhetischer Beziehung mit den reinsten dramatischen Kunstwerken messen können, wie weitgreifend und großartig auch die Bedeutung sein mag, welche es erlangen kann.

Selbst das reinste und großartigste Tendenz-Drama, welches wir kennen: Lessing's „Nathan", bestätigt nur das Gesagte. Lessing's „Nathan" ist ein Tendenz-Drama im

reinsten und edelsten Sinne, denn es will für religiöse
Toleranz wirken. Es will also der Unduldsamkeit und
dem religiösen Fanatismus wie der Bekehrungssucht mit
allen Waffen des Geistes entgegenwirken. Darin liegt die
hohe Bedeutung dieses Denkmals der Aufklärung im acht=
zehnten Jahrhundert. Ja, wir bewundern, wie Lessing es
vermocht hat, seinem Tendenz=Drama noch so viel Reiz
der Handlung, ja selbst noch dramatisches Interesse ab=
zugewinnen. Verglichen indessen mit dem künstlerischen
Werthe der höchsten dramatischen Schöpfungen sinkt es in
rein künstlerischer Beziehung doch zu einem untergeordneten
Werke herab, weil es eben ein Tendenz=Drama bleibt, wel=
ches zwar den reinsten menschlichen Interessen dient, aber
doch immer die dramatische Kunst zum Mittel für die Ten=
denz herabsetzt. Lessing's „Nathan" bestätigt daher als
das reinste Tendenz=Drama der Literatur unsere Entwicke=
lung. In den meisten Fällen aber, besonders in Zeiten
großer politischer und religiöser Aufregungen, wird das
Tendenz=Drama meistens zu einem elenden Mittel, die Ge=
müther aufzuregen, herabsinken und künstlerisch betrachtet,
völlig werthlos erscheinen, indem es im günstigen Falle
nur eine historische Erinnerung an die einst durchlebten
Aufregungen hinterlassen wird.

Was hat man unter dem sogenannten „Volksschauspiel" zu verstehen? Ist diese Benennung gerechtfertigt?

———

Die Verwirrung, welche über den Begriff des „**Volksschauspiels**" herrscht, wie die große Unklarheit der Vorstellungen über diesen Gegenstand, rechtfertigen sicher eine kurze Kritik dieses Ausdruckes. Zunächst muß man sagen, ist jedes ächte **Drama**, welches diesen Begriff wahrhaft erfüllt, auch ein Volksschauspiel in dem Sinne, daß dasselbe, aus dem Schooße der Nation durch das Organ eines großen Dichters hervorgegangen, den Geist der Nation, welcher es gehört, abspiegelt und als eine **Bereicherung**, wie als ein **Schatz** des Volkes angesehen werden kann. In diesem Sinne sind die unsterblichen Tragödien des **Sophokles** nicht minder „Volksschauspiele" als die ewigen Schöpfungen **Shakespeare's**, **Schiller's** und **Goethe's**. In allen diesen Werken stellt sich durch das Organ eines großen Dichters, zugleich mit dem allgemeinen, idealen Gehalte, allemal der Geist eines bestimmten Volkes vor uns dar, der mit keinem Geiste eines anderen Volkes vertauscht werden kann. Oder ist nicht allen den großen dramatischen Werken der oben genannten Dichter so entschieden das **nationale Gepräge** gegeben, daß es stets den Eindruck macht, aus der Tiefe nur dieses Volkes und keines anderen könne es hervorgebracht und erwachsen sein? Und dennoch nennt man keines der Werke des Sophokles, Shakespeare's oder Schiller's u. s. w. par excellence ein „Volksschauspiel". Liegt darin nicht ausgesprochen, daß man mit dem Namen „Volksschauspiel" noch andere Vorstellungen verbindet, also etwas von dem Wesen eines vollendeten großartigen Drama's noch Unterschiedenes? Was aber soll das Unterschiedene und Eigenthümliche sein? Es liegt nahe, daß man zunächst darunter ein Drama versteht, welches auf die Massen berechnet ist. Ein Kunstwerk aber, welches sich nur vorzugsweise an die Massen wendet, würde dadurch erklären, daß es dem gebildeteren Theil der Nation fern stehe und auf denselben keine oder nur eine sehr geringe Wirkung ausübe. Aber was wäre denn das für ein Kunstwerk, welches, so zu sagen, den gebildeten Theil der Nation von sich ausschließt, und sich nur auf die ungebildete Menge stützen und an diese appelliren will! Oder soll das ein Volksschauspiel sein, welches nur, oder vorzugsweise die Interessen der Menge im Auge hat, und auf deren Förderung besonders abzielt? Aber was wollen die ausschließlichen Interessen der Masse? Sollen dies Interessen im Unterschied von der gebildeten Klasse sein? Sind darunter wahrhaft geistige und sittliche Interessen verstanden, so können diese Interessen unmöglich so isolirt dastehen, daß nicht auch der gebildete Theil ihnen seine Sympathie weihen würde. Es stünde schlecht um die Composition eines Kunstwerkes, welches die Träger der Ideen nicht mit Feuer, Pathos und Energie auszustatten verstünde, daß sie auch zündend auf die Zuschauer wirken sollten. Ist dies aber der Fall, hat es der Dichter verstanden, durch die Träger seines Drama's und durch den Inhalt, welchen sie vertreten, zündend auf das Publikum zu wirken, so haben wir eben ein wirkliches Drama vor uns, denselben Gesetzen, wie das künstlerische Drama überhaupt, unterworfen, und wir haben nicht nöthig, zu dem besonderen Namen „Volksschauspiel" unsere Zuflucht zu nehmen.

Wohin wir auch blicken und das Eigenthümliche eines sogenannten „Volksschauspiels" festzustellen versuchen mögen, überall sehen wir diese Versuche, das Specifische des „Volksschauspiels" festzustellen, scheitern, in Nichts zerscheitern. In neuerer Zeit hat Mosenthal seine „Deborah" ein Volksschauspiel genannt. Wir haben gleich nach der Anschauung dieses Drama's einen Anstoß an der Benennung genommen. Der Dichter selbst möchte uns schwerlich angeben können, welchen specifischen Unterschied von anderen Gattungen des Drama's er denn durch diese Benennung „Volksschauspiel" habe bieten wollen? Und solchen Unterschied mußte er doch angeben können, wenn der Ausdruck „Volksschauspiel" gerechtfertigt sein soll. Das Gute und Wirksame, was sich in der „Deborah" findet, dasjenige, was dem Stücke namentlich eine so glänzende Aufnahme verschafft hat, theilt die Deborah mit dem Wesen des Drama's überhaupt; die Mängel und Gebrechen der „Deborah", wie unter Anderem die rohe Benutzung des Zufalls als tragischen Hebel, hat das Stück als Drama; sie gehören aber durchaus nicht dem „Volksschauspiel" an. Genug, das Specifische des „Volksschauspiels" ist unsagbar und undefinirbar. Sollte aber etwa die Zeichnung einer bestimmten Nationalität, einer Volksindividualität diese Benennung rechtfertigen, so würde unter Anderen unsern Schiller der Vorwurf treffen, seinen „Wilhelm Tell" nicht Volksschauspiel, sondern nur „Schauspiel" genannt zu haben. Und doch lebt gerade in diesem Werke unseres Dichters ein so echter, wahrer Nationalgeist, daß man in der Anschauung desselben schweizerische Luft zu trinken glaubt. Gerade dadurch, daß wir in „Wilhelm Tell" ganz auf schweizerischem Grund und Boden stehn, daß wir überall den Ausdruck schweizerischer Sitte und

Denkart vernehmen, gebührt diesem „Schauspiel" ein so hoher künstlerischer Werth, stempelt es aber nicht zu einem sogenannten „Volksschauspiel". Wie meisterhaft hat nicht Goethe in seinem Egmont den Geist des niederländischen Volkes gezeichnet, ein Vorzug, welchen auch Schiller in seiner berühmten Beurtheilung des Egmont mit Recht so hoch stellt. Deßhalb ist aber Egmont kein „Volksschauspiel", sondern eine wahrhafte Tragödie. Und Goethe that, durch seinen feinen Tact geleitet, sehr wohl daran, den Egmont nicht „Volksschauspiel" zu nennen. Und doch hätten „Wilhelm Tell" und „Egmont" vorzugsweise diesen Namen verdient, wenn man darunter ein Drama mit vorherrschender Volksindividualität verstehen müßte. Aus dem Entwickelten ergiebt sich, daß das sogenannte „Volksschauspiel" gar keine künstlerisch berechtigte Kategorie ist und ausdrücken kann; wo sich also diese Benennung findet, ist dieselbe ein durch Nichts gerechtfertigter Luxus. Nur Dichter, welche durch ihre Dramen vorzugsweise auf die Sympathien der Massen speculiren, wollen sich durch die Benennung: „Volksschauspiel" sogleich die Gunst der kritiklosen Masse gewinnen. Liegt aber in einem solchen Zwecke die mindeste Rechtfertigung für die Benennung „Volksschauspiel"? Es bleibt die Buhlerei mit den Sympathien der Masse als einziges Motiv für diese Benennung übrig. Man entschlage sich also dieser durch Nichts motivirten Kategorie und werfe sie sodann in die Rumpelkammer unnützer, sinnloser Bezeichnungen, die sie niemals hätten verlassen sollen.

Die politische Phrase
in der dramatischen Poesie.

In den Zeiten großer politischer Aufregungen und Kämpfe ist es wohl der Mühe werth, principiell einmal festzuhalten, ob die politische Phrase, der wir oft im Drama begegnen, und welche sich von der Bühne herab so oft an die Sympathien und Leidenschaften der Zuhörer wendet, ein ästhetisches Recht der Existenz hat und in irgend einem dramatischen Kunstwerke eine Stelle verdient. Stellen wir zunächst das Wesen der politischen Phrase fest. Schon der Ausdruck zeigt an, daß wir darunter eine vereinzelt dastehende Redensart zu verstehen haben, welche den alleinigen Zweck hat, die politischen Sympathien der Zuhörer zu gewinnen und den lauten Beifall zu erregen. Aber in dieser gewiß nicht zu bestreitenden Erklärung liegt auch schon ihre Verurtheilung vom künstlerischen Standpunkte ausgesprochen. Die politische Phrase ist stets eine vereinzelt dastehende Redensart oder Wendung. Darin liegt, daß dieselbe nicht zum Organismus des Kunstwerks gehört; daß sie, ohne das Ganze zu beeinträchtigen, auch beliebig entfernt werden kann. Da sie nun weder zum Organismus des Kunstwerks noch des einzelnen

Charakters gehört, dem sie in den Mund gelegt ist, so erscheint sie als dem Werke, in welchem sie ihre Stelle hat, durchaus äußerlich angefügt; nicht minder äußerlich ist der Zweck, welchem sie dient. Sie will für sich wirken, sie will durch die Gefühle, welche sie in den Zuhörern anregt und entzündet, zum lauten Beifall, zur Acclamation anregen. Die politische Phrase im Drama will also nicht als integrirender Theil eines Ganzen wirken, sondern macht ihre Wirkung wesentlich von der Stimmung abhängig, welche gerade in den Zuhörern lebendig ist. Mit dem Wechsel dieser Stimmung, mit der Veränderung der politischen Verhältnisse hört nothwendig auch die Wirkung der politischen Phrase auf. Ihre Wirkung ist also stets eine zufällige, d. h. von äußeren Verhältnissen und Zuständen abhängige, nicht aus dem Organismus des Kunstwerkes erwachsene.

In Zeiten großer politischer Aufregung, besonders da, wo sich die machthabende Regierung in directem Widerspruch mit den Bedürfnissen des Geistes und der Gesellschaft befindet, kann die politische Phrase eine große Bedeutung erlangen und zum Hebel politischer Demonstrationen werden, weil sich der öffentliche Geist darin gewissermaßen Luft macht; ästhetisch aber ist sie deshalb niemals zu rechtfertigen, weil sie stets den Organismus zerstört und einen dem Kunstwerk äußerlichen Effekt erstrebt. Nur da also, wo politische Wendungen, so zu sagen zum Eingeweide des Kunstwerks gehören, wo sie einen Pinselstrich zum Charakter derjenigen Person geben, welche sie ausspricht — nur da also, wo die politische Phrase aufhört, Phrase zu sein, hat die politische Wendung im Drama ihre berechtigte, ästhetisch gerechtfertigte Stelle. Ist dies der Fall, so kann sie auch nicht beliebig, d. h. ohne Nachtheil des Ganzen, entfernt werden, weil man dadurch einen wesentlichen und schönen Zug im Organismus des Kunstwerkes verwischen würde. Hier allein hat die politische Wendung ihr Recht; nicht nur für eine gewisse Zeit, Stimmung und unter gewissen Verhältnissen, sondern sie hat, als zum Organismus des Ganzen gehörig, ihre ewige Bedeutung, gleichviel ob sie in den einzelnen Fällen mehr oder weniger die lauten Sympathien der Zuhörer entzündet. So trägt, um das Gesagte in einem Beispiel noch klarer zu machen, die große Scene des Rütli im „Tell" und hier wieder die große Rede Stauffacher's, so zündend sie zu Zeiten oft gewirkt haben, niemals den Charakter einer politischen Phrase, weil hier Alles bedeutungsvoll für die Situation und zur Zeichnung der Charaktere nothwendig ist, ihre Entfernung somit geradezu den Organismus zerstören hieße. Ueberall also, wo die politische Phrase wesentlich zur Charakterisirung der Handlung und Person ist, hat sie ihre ästhetische Berechtigung, weil sie eben aufgehört hat Phrase zu sein.

Andeutungen über die Grenze der öffentlichen Besprechung von Bühnen-Verhältnissen.

In keiner Kunst liegt der Quell des reinsten Krystalls so dicht neben dem widerwärtigsten Morast, als in der Kunst der dramatischen Darstellung; oder, aus der Sprache des Bildes in die des Begriffes übersetzt: nirgends sind die edelsten Interessen für das Unendliche der Kunst und die gemeinsten Interessen für die endliche Persönlichkeit und ihre kleinlichen Verhältnisse so nahe aneinander gerückt, als in der Schauspielkunst.

Sehr natürlich! In allen anderen Künsten tritt die Persönlichkeit hinter das von ihr geschaffene Kunstwerk zurück. In der Schauspielkunst ist die Persönlichkeit selbst die Trägerin des Kunstwerks. In allen anderen Künsten ist uns die Persönlichkeit, als solche, für die Schöpfung des Kunstwerks gleichgültig; in der Schauspielkunst ist die Persönlichkeit nicht nur das unablässig thätige Organ, sondern von der Kunstleistung untrennbar, und dem Zuschauer ununterbrochen gegenwärtig. Daher das Interesse an der künstlerischen Leistung sich unwillkürlich mit der Persönlichkeit in ihrem ganzen Umfange verknüpft. So verbindet sich also ganz natürlich in der Schauspielkunst das unendliche Interesse für die Idealität des Kunstwerks mit dem endlichsten Interesse für die das Kunstwerk ausführende Persönlichkeit und ihre Verhältnisse.

Was Wunder, wenn diese Interessen auch so auseinander gehalten werden, daß, während ein Theil des Publikums sich nur mit den idealen Interessen beschäftigt, sich an ihm erhebt, den Träger dieser Interessen aber aus dem Spiele läßt, der andere Theil die idealen Interessen ganz auf sich beruhen läßt und nur Sinn für die Persönlichkeit des Darstellers und alle seine besonderen Verhältnisse hat. Der erstere Theil giebt uns den Kreis der intelligenten und mit idealem Sinne den künstlerischen Leistungen zugewandten Menschen, der letztere den Kreis der gedankenlos und schwazhaft nur die endlichen Träger der dichterischen Gestalten besprechenden Individuen. Die Blüthe des ersteren Theils zeigt sich in der wissenschaftlichen Kritik, welche objectiv nur die Sache zur Geltung bringt, d. h. stets das Verhältniß des Geleisteten zu der höchsten Forderung der Kunst zum Bewußtsein bringt. Der letztere Theil faßt sich in der Thätigkeit, die wir die Klätscherei nennen, und ihren Organen, den Theater=Klatschblättern, zusammen. Sie sind gewissermaßen die Kehrseite der Medaille.

Der Theaterklatsch ist die Carrikatur der Kritik und tritt überall da ein, wo die Ohnmacht beginnt, sich zum Idealen und zu einer begeifenden Besprechung des Künst=

lerischen zu erheben. Der Theater-Klatsch ist ein nothwendiges Uebel der Bühnen-Verhältnisse, gleichsam der Tribut, welchen dieselben für ihre weitverzweigte Verflechtung mit dem Endlichen zu entrichten haben.

Wenn wir aber auch das klare Bewußtsein darüber haben, daß sich die Welt der Klätscherei stets eben so erneuern wird, als der Austausch der edlen Geister über die idealen Interessen der Kunst, so ist es doch interessant, wenigstens die Grenze festzustellen, wo die objectiv berechtigte, der Kunst förderliche Besprechung der Bühne und ihrer Verhältnisse aufhört, und wo das Reich des unwürdigen, von allen künstlerischen Interessen entblößten Geklatsches beginnt.

Der Markstein, der beide Reiche trennt, ist also festzustellen. Sobald irgend einem Verhältnisse, welches der Bühne angehört, eine objective, rein künstlerische Seite abgewonnen werden kann, so gehört seine Besprechung der Oeffentlichkeit an, und es ist eben so sehr ein Recht, wie eine Pflicht, dasselbe vor das Forum der Oeffentlichkeit zu ziehen. So lange dies möglich ist und wirklich geschieht, so lange hat der die Bühnenverhältnisse Besprechende nicht zu erröthen und sich hinter die Anonymität zu flüchten; sobald aber der Boden des allgemeinen Interesses, der Boden der Kunst verlassen, und der Boden der nur partikulären, persönlichen, endlichen Interessen betreten wird, so beginnt das Geklatsch des Tages, das unwürdige Theater-Geschwätz, welches die Kunst, wie die Künstler in den Schlamm des Lebens herunterzieht, und den Besprecher so armseliger Verhältnisse und Interessen in die Reihe des **literarischen Gesindels** stellt, welches seine Strafe nur in der **Verachtung** edler Geister finden kann.

Wir sagten oben: das Geklatsch fängt an, wo das objective Interesse, die allgemeinen Gesichtspunkte für die Kunst aufhören. Es ist also z. B. ein unzweifelhaftes Recht der öffentlichen Besprechung, sich über eine falsche Besetzung zu äußern. Je bedeutender das Kunstwerk und die Rollen, deren Besetzung eine verfehlte ist, desto näher liegt die Pflicht, sich darüber öffentlich zu erklären und aus der Natur des darzustellenden Charakters, verglichen mit der Begabung der zu der Rolle ausersehenen Persönlichkeit, den Beweis für den Mißgriff zu führen. Hier befindet man sich ganz auf dem objectiven Boden. Sobald aber diese Besprechung in die Region persönlicher Verhältnisse abirrt, und damit eine Erzählung beabsichtigter Intriguen, sei es vom Vorstande der Bühne, sei es von Mitgliedern der Bühne gesponnen, verknüpft wird, so ist der morastige Boden des Theater-Klatsches betreten. Sobald also hier vom objectiven, künstlerischen Gesichtspunkte in der Besprechung abgewichen wird, ist dem abgeschmackteften, gehässigsten Geklatsch Thor und Thüre geöffnet. Es ist unmöglich, dem Geklatsch auf diesem Gebiete zu folgen, weil jede Grenze für die Ausdehnung der Klatscherei fehlt, und von keiner Seite für die Wahrheit des Gesagten ein Beweis geführt werden kann. Der Rede und Gegenrede wäre kein Ende, und die Anklagen über Zurücksetzung und absichtliche Verletzung würden in's Unendliche fortgesponnen werden. Hier aber liegt die eigentliche Nahrung für die Theater-Klatsch-Blätter, welche solche Veranlassung mit Entzücken ergreifen.

Setzen wir den Fall, ein talentvolles Mitglied wolle die Bühne, der es angehört, verlassen, so ist die Besprechung eines solchen Verlustes offenbar ein Recht und eine Pflicht der Oeffentlichkeit, aber nur insofern der Mittheilung darüber ein rein künstlerischer Standpunkt abgewonnen wird. Die objective Würdigung des etwa ausscheidenden Individuums ist das vollste Recht der Presse; aber es ist unwürdig, ohne alles höhere Interesse in der öffentlichen Besprechung den Fäden nachzugehen, um etwa den Ursprung der Verstimmung aufzufinden. Hier beginnt wieder die Endlosigkeit des Geklatsches, die unermüdliche Beredsamkeit für die allerpartikulärsten Interessen, denn hier kann das Geträtsch aller Gevatterschaften, von Mutter und Vater, von Schwester und Bruder, Muhme und Base, in's Gefecht geführt werden. Man denke sich nur den Angeklagten auf die Fluth von Beschuldigungen, wie sie die Erzählung der Gevattern ausbrütet, mit gleichen Waffen erwidernd, und der gemeinsten niedrigsten Klatscherei sind die Pforten geöffnet. Daß keine Partei für die Wahrheit ihrer Behauptung einstehen kann: das macht dergleichen Geklätsch zu einer Fundgrube für das große Publikum, um daraus Haß und Liebe je nach dem Eindruck zu schöpfen, den ihm die Klatscherei gemacht hat, und auf die Künstlerschaft der betreffenden Persönlichkeit zu übertragen.

Gewiß ist die Kritik berechtigt, gegen die Aufführung eines unwürdigen Stückes zu protestiren, es kritisch aufzulösen und zu vernichten, aber die Kritik setzt sich zur Klätscherei herab, sobald sie den Schlichen nachjagt, durch welche etwa das Stück zur Aufführung gekommen ist, wie viel dabei durch diese oder jene einflußreiche Person gewirkt, ob dabei etwa unreine Hände ihr Spiel getrieben haben. Alle diese und ähnliche Fragen, wie die sich daran knüpfenden Erzählungen und Märchen sind der Kritik unwürdig, und ihre Aufnahme in die Oeffentlichkeit eine Schmach für den Schreiber, wie eine Herabsetzung des Publikums. Es heißt wahrlich nicht, das Publikum nach seiner Ehre behandeln, wenn man demselben zumuthet, anstatt **objectiver** Besprechung über das in der Kunst Dargebotene nur **Klatschgeschichten** über die Vermittlungen hinter den Coulissen zu hören! So viel Wohlgefallen ein großer Theil des Publikums am Theatergeschwätz finden mag, so birgt doch auch selbst dieser Theil seine Verachtung gegen dergleichen Geträtsch nicht. Selbst wenn es diese Verachtung nur heuchelt, so bestätigt doch auch selbst die Heuchelei den Instinkt gegen das Unwürdige und Gemeine des Theater-Geklatsches.

Man kann dem Gesagten zufolge, die Grenze der für die Oeffentlichkeit gehörenden Besprechung über Theater-Verhältnisse etwa so fixiren: Würdig der öffentlichen Besprechung ist Alles in der Theaterwelt, worin sich noch der Pulsschlag der Kunst offenbart, und unwürdig der öffentlichen Besprechung Alles, was hinter den Coulissen vor sich geht, wie das Nachspüren aller der Fäden, welche hinter unserem Rücken gesponnen werden und sich dem Auge entziehen, daher nur dem Wühlen des Maulwurfs zugänglich sind. Aber hier ist gerade für das Geklätsch der ergiebigste Boden.

Ein neu engagirtes Mitglied und ein Gast gehören Beide der Kritik an, welche, je nach dem Orte, wo sie erscheinen, ihren Maaßstab zu steigern oder zu ermäßigen hat. Aber der Weg, den diese Individuen durchwandern ehe sie ihr Ziel erreichten, die Hindernisse, welche sie etwa gefunden, die Aeußerungen, welche sie etwa über ihr Talent, ihre Wünsche und Hoffnungen an entscheidenden Stellen vernommen haben, liegen gänzlich außer dem Recht der öffentlichen Besprechung. Wer sich hierauf in seiner öffentlichen Besprechung einläßt, hat seine Entlassung als Kritiker eingereicht; er ist nicht mehr ein im Dienste der Idee kämpfender Krieger, sondern hat sich dem vagabondirenden Haufen, der auf Plünderung ausgeht, angeschlossen. Im Interesse des klatschenden Gesindels ist es natürlich, die schmutzigen Fäden immer weiter zu spinnen, der Rede die heftigen Gegenreden zu entlocken, um das Geklatsch immer weiter zu verzweigen und zu verdichten. Wer sich auf den Boden der Erwiderung des Geklatsches begiebt, ist verloren, weil er sich doch nicht zu solcher Höhe der Unverschämtheit und Niedrigkeit erheben kann, als diejenigen, welche in solchem Moraste zu waten gewohnt sind. Die Entgegnung hat sich, will sie nicht die Thätigkeit des Geklatsches theilen, einzig und allein auf die factische Berichtigung der absichtlich oder unabsichtlich ausgesprochenen Unwahrheit zu beschränken. Alles Andere ist vom Uebel!

Der edle Stolz, welchen man dem Geklatsch, wie es sich in öffentlichen Blättern vernehmen läßt, entgegenstellt, ist die einzig wirksame Waffe gegen dasselbe. Dieser edle Stolz gegen die Unwürdigkeit der öffentlichen Besprechung, gegen den Uebergriff aus der objectiven Welt der Kunst in die subjective der persönlichen Verhältnisse und Beziehungen ist vollkommen vereinbar, ja selbst untrennbar von der Demuth vor der Kunst und einer nur die Idee vertretenden Kritik.

Man wird uns die Thorheit nicht zutrauen, durch diese Betrachtung dem Theater=Klatsch Thor und Thür schließen zu können. Er ist so unsterblich als sein Gegensatz, an dem er bricht. Aber es kam darauf an, wenigstens in großen Zügen das Bewußtsein über die Grenze der öffentlichen Besprechungen von Theater=Verhältnissen auszusprechen und die Linie zu bezeichnen, wo sich die berechtigte Besprechung von dem unwürdigen und gemeinen Theaterklatsch für immer scheidet.

Ein sehr feiner Zug in der Zeichnung des Antonio im „Kaufmann von Venedig" von Shakespeare.

Man wird den Grundzug von Melancholie im Antonio im „Kaufmann von Venedig" nicht in Abrede stellen können. Bei einem so tiefen Dichter wie

Shakespeare ist es Pflicht der wissenschaftlichen Kritik, dem letzten entscheidenden Grunde für einen solchen Zug nachzugeben. Eine besondere Veranlassung für diesen Grundzug der Melancholie ist nicht aufzufinden. Als eine Zufälligkeit wird man denselben aber unmöglich ansehen können. Man hat wohl in früheren Zeiten diese Melancholie als eine Ahnung des eintretenden Glückswechsels erklären wollen, welche den Antonio plötzlich in die Hände seines Feindes Shylock liefert. Aber dies ist darum ungereimt, weil eine Ahnung, welche nur bis zur Katastrophe des eintretenden Glückes reicht, eine Ungereimtheit wäre. Wenn Graf Appiani in „Emilia Galotti" von einem Grundzuge der Trauer beherrscht wird, so kann diese Stimmung allerdings als eine Vorahnung und als ein Vorgefühl seines nahen Todes gelten. Würde indessen Appiani durch einen glücklichen Zufall der Mörderhand entzogen, so wäre es lächerlich, seine melancholische Stimmung als Ahnung eines bevorstehenden Unglücks deuten zu wollen. Diese Auffassung ist also schlechthin aufzugeben, da sie die Schwierigkeit für die Erklärung der Melancholie im Antonio eher mehrt als mindert. Man muß sich, um den letzten Schlüssel für den Grundzug des Antonio zu finden, den Charakter desselben vergegenwärtigen. Aus ihm wird sich die Erklärung dieses Grundzuges ungesucht ergeben.

Antonio ist ein mit Glücksgütern gesegneter Kaufmann. Er hat Freunde, die ihn lieben und ehren. Er ist ein Mann von der edelsten Gesinnung, großsinnig, freigebig, aufopferungsfähig, fern von allen und jeden kleinlichen Interessen, genug, ein Gentleman im vollen Sinne des Worts. Woher nun dieser Grundzug von Melancholie bei einem Manne, der mit Glücksgütern, wie mit Freunden, die ihn doch hoch halten, gesegnet ist? Aber man vergegenwärtige sich nur die ganze Lebensstellung des Antonio. Antonio ist Kaufmann, wenn auch ein „königlicher" Kaufmann. Als Kaufmann ist er darauf gewiesen, die materiellen Interessen mit allem Aufwand von Geist und Verstand zu fördern. Seine ganze Lebensthätigkeit ist mithin mit den materiellen Interessen verflochten. Er hat sie auf alle Weise wahrzunehmen. Aber Antonio ist eine wesentlich ideale Natur. Alles, was wir von ihm sehen und hören, bestätigt dies. Sein Sinn ist fern von materiellen Interessen, die er doch als Kaufmann wahrnehmen soll. Ueberall folgt er seiner idealen Natur und Neigung. Was ist also natürlicher, als daß einen Mann von so idealer Lebensrichtung eine Lebensthätigkeit nicht befriedigt und ausfüllt, welche ihn wesentlich auf die materiellen Interessen des Lebens hinweist? Antonio erscheint daher sogleich bei seinem ersten Erscheinen von einer gewissen Melancholie beherrscht, die er weder abläugnet noch erklärt, ohne daß weder er noch seine Freunde eine besondere Veranlassung dafür anzugeben vermögen. Bezeichnet er doch selbst die Welt als einen Schauplatz, wo Jeder seine Rolle spielt, und setzt hinzu: „und mein' ist traurig!" Und einer seiner Freunde sagt geradezu: „Ihr seid traurig, weil Ihr nicht lustig seid!" Genug, der Grundzug der Melancholie erscheint im Antonio als eine vollendete Thatsache, wofür sich gar kein äußerlicher Grund angeben läßt; auch seinen Freunden fehlt dazu, wie man sieht, der Schlüssel. Dieser Grundzug der Melancholie, die ihn beherrscht, liegt also einzig und allein in seiner ganzen Lebensstellung. Der königliche Kaufmann Antonio fühlt sich offenbar durch seine Lebensthätigkeit als Kaufmann, als welcher er doch immer mit den materiellen Interessen auf das Engste verflochten ist, nicht befriedigt. Seine ideale Natur macht andere Ansprüche an das Leben. Genug, er fühlt sich durch seine Thätigkeit als Kaufmann, wie großsinnig er sich auch überall benimmt, doch nicht wahrhaft ausgefüllt. Wir vernehmen allerdings kein Wort aus seinem Munde, woraus eine directe Unzufriedenheit mit seiner Lebensthätigkeit hervorginge, aber aus seiner ganzen Natur, seiner Anlage und seiner Gesinnung geht unzweifelhaft hervor, daß die stete Beschäftigung mit den materiellen Interessen, die unablässige Sorge für sie, das fortwährende Trachten, sie in seinem Interesse zu fördern, ihm eigentlich nicht zusagt, daß er sich also in einem Widerspruche zwischen seiner innersten Neigung und Natur und seiner Lebensthätigkeit, auf welche er gewiesen ist, befindet. Diesen Widerspruch kann aber auch Antonio nicht auflösen, er kann nicht plötzlich seine kaufmännische Stellung aufgeben, er darf auch nicht, so großartig er auch seine kaufmännische Thätigkeit betreibt, die kaufmännischen Interessen vernachlässigen oder gering schätzen. Dieser stetige Widerspruch zwischen seiner ihn auf die materiellen Interessen hindrängenden Lebensthätigkeit ist offenbar der absolute Grund der Schwermuth, von welcher wir ihn im Verlaufe des Drama's durchgängig beherrscht sehen. Nichts natürlicher daher auch, als der Haß, welchen Shylock gegen ihn empfindet, nicht nur gegen ihn als Christen, sondern weil er die materiellen, kaufmännischen Interessen vernachlässigt und gering achtet, daher also auch den Kaufleuten einen gewissen Nachtheil unbewußt zufügt. Es giebt keinen berechtigteren Grund für die Schwermuth eines Menschen, als das ihn beherrschende Gefühl, durch seine ganze Lebensthätigkeit und Lebensstellung doch diejenige Befriedigung nicht erreichen zu können, nach welcher er strebt, und zugleich das Bewußtsein zu haben, die innere Befriedigung nicht gewinnen zu können. Ja selbst der Conflict mit Shylock liegt in diesen

Widersprüchen gegründet, da Antonio unablässig die ideal en Interessen zu befriedigen sucht, und dadurch nicht selten den materiellen Interessen seiner Genossen entgegenarbeitet.

Es ist daher natürlich, daß wir den königlichen Kaufmann Antonio in der Gerichtsscene mit der größten Resignation vom Leben Abschied nehmen sehen. Antonio erscheint darum in der edelsten Fassung und Haltung, weil doch das Leben, da es ihn so wenig befriedigt, keinen eigentlichen Reiz für ihn hat, ja er wirft es sogar mit einer gewissen Größe weg, und selbst bei der so überraschenden und ihn aus den Händen Shylock's rettenden Wendung des Geschicks nicht von einem Jubel beherrscht, der unfehlbar aus ihm sprechen würde, wenn das Leben für ihn einen besonderen Werth hätte. Durchgängig hat Shakespeare also diesen Grundzug der Melancholie festgehalten, und als einen, den ganzen Menschen beherrschenden Grundton durchzuführen gestrebt. Es ist daher von dem größten Interesse, diesen Grundzug des Antonio einmal zum Bewußtsein zu bringen, und darin eine tiefsinnige Conception des Dichters zu begreifen.

Der freiwillige und der unfreiwillige Narr.

Mit besonderer Beziehung auf Shakespeare.

(Der Narr im „König Lear" und Malvolio in: „Was ihr wollt".)

Auch für die in der Ueberschrift bezeichneten Gegensätze hat Shakespeare für alle Zeiten die ewigen Urbilder geschaffen, und es lohnt sich wohl, daß wir uns dieselben beiläufig einmal zum Bewußtsein bringen. Zuerst also: Wer ist ein unfreiwilliger Narr? Es ist derjenige, welcher sich zum „Narren" gemacht hat, dadurch aber einen hohen sittlichen Zweck erfüllt. Wer sich zum Narren macht, setzt sich freiwillig zur Kurzweil herab. Der freiwillige Narr muß daher, um wahrhaft menschlich und dadurch poetisch brauchbar zu sein, das Bewußtsein von seiner Selbsterniedrigung haben. Wodurch kann er sich von dieser Selbsterniedrigung befreien, und wieder zum Gefühl seiner menschlichen Würde gelangen? Dadurch allein, daß er seine Stellung als Narr in einem höheren sittlichen Dienste verwendet und durch die Liebe, mit welcher er seine Rolle als Narr spielt, sich erhebt und sich so zum Spiegel der Wahrheit macht. Nur hier stellt sich der freiwillige Narr in seiner menschlichen Würde, die er scheinbar aufgegeben hatte, wieder her, und gewinnt unsere Liebe, die ihn bis an's Ende begleitet. Eine solche hochpoetische Gestalt des freiwilligen Narren hat Shakespeare in der Gestalt des Narren in „König Lear" geschaffen. Der Narr in „Lear" hat sehr wohl das schmerzliche Bewußtsein seiner Stellung, denn er möchte, wie er selbst sagt, alles Andere eher sein, als ein Narr. Aber er erhebt sich aus dieser unwürdigen Stellung, nur zur Kurzweil eines Höheren zu dienen, indem er sowohl seinem Herrn den Spiegel der Wahrheit vorhält, als auch, nachdem diesen die furchtbaren Schläge des Schicksals, wenn auch nicht ohne Schuld getroffen haben, durch seinen Humor das Herzweh des Königs zu verscheuchen strebt und in Liebe bei dem theuren Herrn aushält, ihn begleitet in furchtbarer Nacht, um ihn nicht in solcher Zerrissenheit sich selbst zu überlassen. Dieser Narr stirbt zuletzt am gebrochenen Herzen, als die Nacht des Wahnsinns sich über den geliebten Herrn zu lagern beginnt, er also ihm Nichts mehr sein kann, da weder die bitteren Wahrheiten, noch der beschwichtigende Scherz mehr verstanden werden.

Dadurch, daß er dem König den Spiegel der Wahrheit vorhält, ist er der **bittere Narr**, der sich aber eben durch dies Verfahren aus der Erniedrigung seines Narrenthums befreit. Durch seine Liebe zum König macht er sich anderseits zum Tröster und liebevollen Hort desselben. Man fühlt es diesem Narren an, daß er sich nur mit Mühe die Worte des **Humors** aus der tiefbewegten Brust abringt, um das Herz des gekränkten Königs zu erleichtern. Diesen Theil seiner Mission, den Kummer von dem Herzen Lear's durch seinen Humor hinwegzuscheuchen, vermag der Narr nur durch die Kraft der Liebe zu erfüllen, — einer Liebe, die zuletzt sein Gemüth aufreibt, weil seine Kräfte im Dienste der Wahrheit aufgezehrt sind. Er will „um Mittag zu Bett gehn," da der Wahnsinn des Herrn eine ewige Scheidewand zwischen dem Könige und ihm aufgerichtet hat. Das Leben wie der Tod sind gewissermaßen die Verklärung des freiwilligen Narren.

Wer ist nun diesem freiwilligen Narren gegenüber der **unfreiwillige Narr**? Derjenige, welchen die Eitelkeit und Selbstverkennung so weit aufgebläht haben, daß er zu einem bloßen Spielball des Spottes und der tollen Lust seiner Umgebung geworden ist. Auch für diese Gestalt hat Shakespeare das Urbild geschaffen, und zwar in seinem Malvolio in „Was ihr wollt." Malvolio ist wesentlich ein **gravitätischer Narr**, und nur dadurch der Gegenstand des Humors für Andere. Es giebt folglich nichts Verkehrteres, als dem Malvolio nur einen Zug von **Humor** oder selbstbewußtem Spaße zu leihen, denn dadurch wird sogleich das Bild des unfreiwilligen Narren verwischt; Malvolio ist in keinem Augenblick subjectiv komisch, er ist vielmehr durch das Uebermaß seiner Eitelkeit von allem Humor schlechthin entfernt und kann daher nur ein **Object** des Humors für Andere sein. Malvolio, der unfreiwillige Narr, ist wesentlich eine trockene gravitätische Gestalt, welcher die Eitelkeit, in die sie versenkt ist, jede Kritik der Verhältnisse geraubt hat. Folglich darf aus ihm in keinem Augenblicke der **Schalk** herausschlagen, denn er ist stets ernst und selbstbewußt. Je ernster und gravitätischer Malvolio erscheint, je mehr er in diese Gravität hineinwächst, desto komischer erscheinen die Situationen, in welche er versetzt ist. Durch dies Uebermaaß von Eitelkeit und Gravität hat der Dichter dafür gesorgt, daß der Zuschauer keinen Augenblick Partei für ihn nimmt, daß er nirgends, selbst da, wo ihm arg mitgespielt wird, Anspruch auf unsere Theilnahme erhält. Wir gönnen ihm vielmehr alles Widerwärtige und namentlich allen Hohn, dem er ausgesetzt ist, von Herzen, weil wir darin nur die gerechte Strafe für die maßlose Eitelkeit des Subjects erblicken. Der phantastischen und somit verstandlosen Eitelkeit Malvolio's entspricht allein die gründliche Verhöhnung, welche er erfährt.

Malvolio ist daher der unfreiwillige Narr, welcher an dieser, aus ungemessener Narrheit stammenden Eitelkeit zu Grunde geht, ohne Trost, wie ohne Aussicht auf irgend einen Ersatz. Nur weil in ihm kein Zug von Humor und Freiheit ist, wird er auch allen Täuschungen, in die ihn seine Eitelkeit versetzt, zugänglich. — Was folgt daraus für die **künstlerische Darstellung** dieses unfreiwilligen Narren? Je trockner, gravitätischer er erscheint, je mehr er sich bis zu phantastischer Würde und Hoheit steigert, ohne jemals auch nur durch einen Zug komisch wirken zu wollen, desto klarer erscheint das Bild, desto mehr tritt er im Geiste des Dichters vor uns hin, desto ergötzlicher wirkt seine Vernichtung, desto drastischer das Strafgericht, welches über diese hirnverbrannte Eitelkeit verhängt wird.

Die Nothwendigkeit und die große Bedeutung eines Shakespeare-Repertoirs.

Jede Bühne, welche den Namen eines Kunst-Instituts verdienen will, hat die Pflicht, die dramatischen Schöpfungen der eigenen und fremden Nationen würdig zu verwalten, und so oft als möglich dem Publikum darzubieten. Dem größten dramatischen Genius, Shakespeare, gegenüber steigert sich diese Pflicht noch. In dem Gesagten liegt die Nothwendigkeit eines Shakespeare-Repertoirs ausgesprochen. Je höher also der dramatische Genius steht, um so weniger darf seine Erscheinung auf der Bühne dem Zufall oder gar der Laune überlassen werden. Jede größere Bühne, welche den Namen eines Kunst-Instituts verdienen will, hat also die Pflicht, sich ein Shakespeare-Repertoir zu bilden; dasselbe ist der Bühne ebenso nothwendig, als das Licht der Pflanze.

Aber es kommt vor Allem darauf an, daß das Shakespeare-Repertoir nicht dem Zufall oder der Laune überlassen werde. Die Pflicht gegen Shakespeare wird so mehr erfüllt, je mehr man sich bemüht, seine großen Schöpfungen zu einem Stamm-Repertoir zusammenzufassen. Es kommt dabei vor Allem darauf an, daß man sich klar bewußt werde, was man durch ein solches Stamm-Repertoir Shakespeare's erreicht.

Man hat dadurch den unendlichen Gewinn, läuternd und erziehend auf den Geschmack des Publikums und auf sein Urtheil einzuwirken. Wer oft Manna genießt, wendet sich unwillig ab, wenn ihm eine dürftige Kost geboten wird. Durch ein solches, oft wiederkehrendes Shakespeare-Repertoir wird das Publikum unwillkürlich spröder in seinen Ansprüchen.

Aber auch für den Schauspieler ist ein solches Stamm-Shakespeare-Repertoir ein unberechenbarer Gewinn! Der Darsteller kräftigt sich unablässig durch diese Nahrung, schärft sein ästhetisches Gewissen und steigert endlich seine künstlerische Begeisterung für die höchsten Aufgaben seiner Kunst.

Doch hüte man sich bei dem Shakespeare-Repertoir vor einer Gefahr! Man überstürze sich nicht in Wiederholungen und stumpfe dadurch den Sinn für die höchsten Schöpfungen des Genius ab! Die Aufführung eines Shakespeare'schen Werkes muß dem Publikum stets als ein F e st erscheinen, dem es sich entgegen sehnt! Noch weniger setze man, bei einer Verlegenheit, Shakespeare durch ein unvorbereitetes Einschieben zu einem Lückenbüßer herab! Man kann in dieser Beziehung nicht vorsichtig genug zu Werke gehen! Nichts stumpft sich leichter ab, als das Interesse für ein großes Kunstwerk, sobald dasselbe wie eine Alltagskost geboten wird.

Vor Allem weihe man der Besetzung auch untergeordneter Rollen, wie den Proben das gewissenhafteste Interesse! Man halte sich bei der Ausführung des Shakespeare-Repertoirs stets vor, daß es sich um eine **Ehrensache** handelt, daß man gleichzeitig für die **Kunst**, die **Bühne** und die **Bildung** arbeitet!

Die große und allgemeine Bedeutung des Talbot in der „Jungfrau von Orleans" von Schiller.

Die Gestalt des Talbot in der „Jungfrau von Orleans" ist bis jetzt viel zu wenig gewürdigt worden, und doch verdient sie dieses im höchsten Maaße. Allerdings konnte ihr der Dichter in der Tragödie nur ein kleines Terrain geben. Gleichwohl ist ihre Bedeutung, sowohl für die Tragödie als im Allgemeinen sehr groß und wichtig. Es ist damit nicht abgethan zu sagen: Talbot als Engländer bekämpft die Jungfrau. Talbot bekämpft in der Jungfrau nicht etwa den bösen Geist, welcher mit ihren Siegen zur Herrschaft gekommen ist und die Engländer zu verderben droht; er beruft sich auch etwa nicht darauf, daß das höhere politische oder gar weltgeschichtliche Recht auf Seiten Englands sei, und daß die Jungfrau den Engländern dieses Recht entreiße, sondern Talbot erscheint als der eigentliche Leugner des Geistes, welcher als eine die Gemüther bewältigende und zu einem großen Zwecke vereinigende und begeisternde Macht vor uns hintritt. Während die Jungfrau, die Vertreter in der höchsten religiösen Begeisterung, die Form einer religiösen Offenbarung gewinnt, welche ihr die Kraft giebt, so Großes auszuführen, erscheint Talbot vielmehr als der Leugner und Bekämpfer der Macht der Idee überhaupt, welche den Menschen ergreift und stark macht. Talbot wendet sich also gegen die Jungfrau als Vertreterin des reinsten Idealismus, welchen er gar nicht anzuerkennen und zu begreifen vermag. Talbot vertritt also der Macht der Idee gegenüber den Standpunkt des Materialismus, welcher all und jede Idee als treibende Macht leugnet. Es ist daher ganz natürlich, daß nach Talbot's Standpunkt der Mensch nur eine Vielheit von Atomen darstellt, welche sich in ihm zu Schmerz und Lust vereinigt haben, und welche sich bei seinem Tode wieder auflösen. Er sieht daher ganz consequent in der begeisterungsvollen Hingebung der Franzosen an die Jungfrau nur den Unsinn und die Dummheit, mit welcher Götter selbst vergebens kämpfen. Vom Standpunkt des Materialismus aus, welcher überhaupt die Idee als die die Gemüther einigende Macht leugnet, ist dies völlig consequent. Talbot vertritt also nicht etwa die Ansicht nur eines einzelnen Menschen oder ist gar nur von einem zufälligen Einfalle beherrscht, sondern er ist ein Gattungscharakter, welcher die Stimmung und Gesinnung aller derjenigen in sich vereinigt, welche die Idee und den Geist als eine selbstständige, über alles Endliche triumphirende Gewalt leugnen. Da er überhaupt nichts von der Macht der Idee begreift, sieht er auch in der Hingebung an die Jungfrau nur einen Unsinn des Geistes, und in ihrer siegreichen Begeisterung nur die Frucht eines düsteren, sinnlosen Aberglaubens. Die Gestalt des Talbot ist daher im Organismus der Tragödie durchaus nothwendig, denn sie ist die echt poetische Folie für die triumphirende Macht der Idee, und sein Erliegen ist Nichts als eine Verkündigung des Sieges religiöser Begeisterung und echter Idealität über die Materie. Die Gestalt des Talbot wie=

derholt sich in allen Kämpfen, in welchen eine Idee in der Gestalt der religiösen Begeisterung auftritt und die Gemüther fortreißt, denn er stellt den immer wiederkehrenden Kampf des rohen Materialismus gegen die Idealität und die Macht des Geistes überzeugend dar. Daß ein Talbot in der Jungfrau überhaupt erscheint, ist nothwendig in einer Tragödie, welche uns den Sieg des begeisterungsvollen Gemüthes und des höchsten Patriotismus verherrlicht. Es ist daher sehr tiefsinnig von Schiller gedacht, daß er uns den Talbot sterbend sein Glaubensbekenntniß aussprechen läßt, in welchem er ganz unumwunden sich als den Besiegten durch den Unsinn und den Aberglauben bezeichnet und mit der Verachtung der Idee von der Erde Abschied nimmt. Darin aber liegt das Tiefsinnige dieser Gestalt, daß sie, wenn auch in anderen Formen, zu allen Zeiten wiederkehrt, und in ihm (Talbot) der sich immer erneuernde Untergang des Materialismus gegen die Wahrheit der Idee sich wiederholt.

Ein großes politisches Wort Schiller's.

In einem der am populärsten gewordenen Werke Schiller's, in seinem Don Carlos, findet sich eine bis jetzt theils gar nicht bedachte, theils gar nicht verstandene Stelle, welche ein beredtes Zeugniß für Schiller's edles politisches Bewußtsein giebt. Wir meinen die Worte, welche Posa an den König Philipp II. (in seiner großen Unterredung im dritten Akte) richtet. Sie lauten: „Werden Sie von Millionen Königen ein König!" Es heißt dem Worte Gewalt anthun und es trivial auffassen, wenn sein Sinn der sein sollte: „**Werden Sie unter Millionen unwürdiger und schlechter Könige endlich einmal ein würdiger König!**" Abgesehen von der Gewalt, welche man dem Worte „von" anthut, indem man es für „unter" nimmt, fällt man mit dieser Erklärung auch in eine triviale Auffassung, welche des großen Dichters ganz unwürdig ist. Der Sinn liegt viel tiefer. Um ihn im Geiste des Dichters zu verstehn, erinnere man sich nur daran, daß Schiller in seinem Gedichte: „**Die unüberwindliche Flotte**" die englische **magna charta**, welche zuerst die politischen Rechte der Bürger feststellte, als das Blatt bezeichnet, welches seine Bürger zu Königen macht, d. h. zu politisch selbstständigen, freien Menschen. In diesem Sinne müssen auch des Marquis von Posa Worte verstanden werden. Posa sagt also: „**Werden Sie von Millionen politisch freien und selbstständigen Menschen ein König, während Sie jetzt über Sclaven herrschen!**" So allein gewinnt die berühmte Stelle einen herrlichen, großartigen Sinn, der zugleich, wie wir zu zeigen geglaubt haben, einen tiefen Sinn ganz im Geiste **Schiller's** hat.

Das
Virtuosenthum in der Schauspielkunst.

Wer ist ein Virtuose in der Schauspielkunst? Derjenige, welcher nur sich selbst, nicht die Sache, nur die Verwerthung seiner Persönlichkeit, nicht die Erzeugnisse des Kunstwerks zum Zweck hat; Derjenige, welcher, bei unbestritten bedeutender Begabung und bei grossem Berufe zum Künstler, sich durch die Sucht nach dem Absonderlichen und Aparten hervorthut, und, anstatt sich zum Mittel für die Kunst zu machen, die Kunst vielmehr zum Mittel für seine persönlichen Interessen herabsetzt.

Der Virtuose in der Schauspielkunst ist eine Gestalt, welche wesentlich der modernen Welt angehört. Während in den übrigen Künsten unter dem Namen Virtuose Jemand verstanden wird, der sich einen hohen Grad technischer Fertigkeit und Kunstausübung erworben hat, dem wir unsere volle Anerkennung, ja selbst unsere Bewunderung zollen, spielt im Gebiete der dramatischen Darstellung in den Begriff des Virtuosen eine negative Bedeutung hinein, welche den Virtuosen dem echten Künstler fast entgegenstellt. Wer wird jemals einem ausübenden Künstler, einem Musiker oder Sänger seine hohe technische Fertigkeit, den Glanz seiner künstlerischen Ausbildung in der Behandlung der Stimme zum Vorwurf machen?

Ja, wer wird nicht sogar in der Ausübung der Kunst eine **Virtuosität fordern**, weil dieselbe für die Erzeugung des **künstlerischen Eindrucks** unerläßlich ist? Sobald also die Virtuosität nur die Herrschaft über den Stoff und die Unterwerfung des **Materials** bezeichnet, um dasselbe zu künstlerischen Zwecken zu verwenden, wird der Ausdruck **Virtuose** stets ohne alle Nebenbedeutungen das **Unkünstlerische** sein.

In der dramatischen Darstellung aber drückt die **Virtuosität** nicht nur die vollständige Unterwerfung des Körpers und des Tones zu **künstlerischen Zwecken** aus, sondern hier erhält dieser Begriff wesentlich die Bedeutung einer, auf Kosten der ewigen **Wahrheit und Schönheit** sich hervordrängenden Darstellungsweise, welche nicht sowohl die Kunst, als **solche**, sondern die Geltendmachung der eigenen **Persönlichkeit** zum Zweck hat.

Der **Virtuose in der Schauspielkunst** ist daher Repräsentant derjenigen Richtung, welche die geistige Begabung, die erworbene Bildung, die geniale Kraft nur zur Förderung **persönlicher Interessen** benutzt. Wer hat in der Schauspielkunst die Namen: **Eckhoff, Schröder, Fleck, Ludwig Devrient, P. A. Wolff, Bethmann, Seydelmann**, um nur dahingeschiedene Künstler zu nennen, jemals als **Virtuosen** bezeichnet? Ein tiefer Instinct hat selbst die Menge abgehalten, dieselben mit dem Namen Virtuosen zu belegen. Warum? Weil man im tiefsten Innern fühlte, daß diese Individuen **wahre Künstler** waren, weil sie den Eindruck großer **Menschendarsteller** machten, deren höchster Zweck es war, vor den bewegten Zuschauern poetische Gestalten **aus einem Gusse** aufzurichten, welche ihren höchsten Ruhm nur darin setzten, dem Bilde des Dichters den lebendigen Leib anzuerschaffen, fern von aller Sucht, etwas Besseres geben zu wollen, als die großen **Dichter** selbst geschaffen haben. Der **Virtuose in der Schauspielkunst** ist ein Geschöpf der modernen Welt, welches sich wieder seine eigenthümliche Welt geschaffen hat, die von ihm untrennbar ist.

Eine so moderne Erscheinung, wie das Virtuosenthum in der Schauspielkunst ist, ebenso jung ist die Atmosphäre, die es sich als Bedingung seines Daseins geschaffen hat. Diese dem Virtuosen in der Schauspielkunst Licht und Luft gewährende Welt fassen wir in den Begriff der Reklame zusammen.

Die Reklame ist die arbeitende Lokomotive des Virtuosenthums, welche die Jünger des Letzteren mit ungeheurer Schnelle auf den Gipfel des Ruhmes trägt, um ihnen in der kürzesten Zeit die Mittel zu erarbeiten, die Früchte des Virtuosenthums zu genießen. Das System der Reklame ist ein unendlich fein gegliederter, vielfach verzweigter Organismus, in dessen geheimstes Leben nur der Virtuose ganz eindringt. In diesem Reiche der Reklame giebt es viele Grade, viel Berufene, aber wenig Auserwählte! Die Reklame ist nicht minder das Product des Raffinements, als das Virtuosenthum selbst. Der völlig geweihte Priester der Reklame ist zugleich auch der vollendetste Virtuose. Die Reklame ist kein abgeschlossenes System, sondern einer unendlichen Erweiterung und Ausdehnung fähig. Der Meister der Reklame, der sie mit genialem Geiste handhabt, ist erfinderisch und überrascht selbst Diejenigen, welche sich schon für völlig Eingeweihte hielten.

Das oberste Prinzip des Meisters der Reklame ist: Setze das Räderwerk derselben in rastlose Bewegung. Kein Tag vergehe, an welchem nicht, wenigstens in den Tagesblättern des Theaters, etwas von dir erzählt, berichtet oder wenigstens berichtigt wird.

Das vornehmste Ziel bleibt allerdings, daß die chemische Retorte der Reklame unablässig Weihrauch dufte, und ist dies nicht gerade immer möglich, so muß wenigstens der Name des Virtuosen in irgend einer Beziehung genannt werden. Der geniale Meister der Reklame wendet das bekannte Wort des von der Leidenschaft des Spiels beherrschten, großen englischen Redners und Staatsmannes Fox: Der erste Genuß ist spielen und gewinnen, der zweite ist spielen und verlieren, also auf das System der Reklame an: Mein erster Genuß ist, täglich bewundert zu werden, mein zweiter, selbst wenn auch getadelt, doch genannt zu werden. Hier hat das Raffinement ein ungeheueres Terrain, das noch kein Sterblicher ganz durchmessen hat. Mit Kleinigkeiten giebt sich der zum Virtuosen Auserwählte in der Reklame nicht ab, sie sind ihm abgenutzt, verächtlich. Es ist gemein, sich selbst eine Rezension zu schreiben, aber es ist „göttlich groß", eine Ohnmacht oder eine Krankheit zu improvisiren, um proklamiren lassen zu können, daß der von Krankheit plötzlich Befallene wieder erstanden ist, daß wir nicht als Verwaiste am Grabe unsers großen Mimen zu stehen verurtheilt sind.

Die Reklame giebt dem Virtuosen erst seinen wahren Glanz, sie ist sein Herold, sein Gefolge, seine Leibwache. An der Hand der Reklame trotzt der Virtuose dem Schwerte der noch so eingehenden Kritik. Für den noch nicht in die geheimsten Weihen der Reklame eingedrungenen Virtuosen entwickelt sich in Organen der Reklame nicht selten noch ein Gegensatz, ein Kampf. Die unbesoldete Leibwache des Virtuosen macht bisweilen noch böse Miene und droht mit Abfall und Empörung, sie deutet dem Virtuosen unter allen Umständen an, daß er ihr Geschöpf ist. Diese freiwillige Leibwache ist noch nicht so disciplinirt, wie die besoldete, sie erwartet noch nicht den Lohn, den die letztere bereits genießt. Der wahrhaft große Virtuose weiß aber auch diesen gefährlichen Gegner zu überwältigen! Es ist sein höchster Triumph, wenn er schaut, wie Capulet und Montague plötzlich ihren alten Haß zu Asche gebrannt und aus dem Flammentode als Orest und Pylades wieder hervorgehen!

Wir haben die Untrennbarkeit des Virtuosenthums von der Reklame angedeutet. Die letztere ist gewissermaßen der mütterliche Boden des ersteren. Jemehr der Künstler in den Virtuosen übergegangen ist, desto unentbehrlicher ist dem Letzteren die Reklame.

Jeder große Virtuose der Schauspielkunst war ursprünglich zu einem wahren Künstler veranlagt, er brachte dazu schöne Gaben des Geistes und der Natur mit. Aber es fehlte ihm die ächte Begeisterung, die tiefe Scheu vor dem Blenden durch Kunststücke, so daß er allmälig die Mosaikarbeit dem von innen heraus gestalteten Kunstwerke vorzog! Der zum Künstler herrlich Veranlagte entartete zum Virtuosen, weil er vorzeitig ernten, die unerläßlichen Vermittlungen überspringen und gleichsam mit einem Salto mortale in das gelobte Land, wo Milch und Honig fließt, gelangen wollte. Dazu bedurfte die ursprünglich hochbegabte Künstlernatur der Dampfkraft der Reklame. Je weiter er nun in diesem Reiche des Virtuosenthums vordringt, desto unerbittlicher verschließt sich ihm die Rückkehr in das gelobte Land der ächten Kunst. Ja, wahrlich, es ist leichter, daß ein Kameel durch ein Nadelöhr krieche, als daß ein Virtuos wieder ein Künstler werde! Auf dem Wege zum Virtuosen giebt es keinen Stillstand. Der Virtuose in der Schauspielkunst muß sein Raffinement, Ueberraschendes, Unerhörtes zu bringen, stets überbieten, er überstürzt sich in der Begierde, von der Tradition wie von der Einfachheit der Wahrheit abzuweichen. Anstatt nur die Vernunft der Sache zu wollen, klügelt er Spitzfindigkeiten aus und will nur das Seltsame. Denn er will vor Allem in Staunen setzen! Dieses Streben muß daher die Reklame durch die gar nicht genug zu wiederholende Versicherung er-

klären: Hier beginnt eine neue Aera für die Schauspiel=
kunst!

Natürlich ist das Absonderliche, das raffinirte
Ausklügeln vor Allem bei der Darstellung klassischer
Gestalten zu finden; denn hier, das fühlt der Virtuose, kann
er nur durch das Abweichen von dem alten Wege, nur durch
das Aufgeben des Hergebrachten, gleichviel: ob dasselbe
poetisch war oder nicht, zur Geltung kommen.

Der Virtuose sagt sich: Man hat Künstler in
klassischen Gestalten gesehen, ihr Bild muß verdrängt
werden, indem das Nichtdagewesene, das Abson=
derliche an die Stelle des früher Bewunderten tritt. Es
kommt daher dem Virtuosen nicht darauf an, die großen
Repräsentanten klassischer Gestalten, durch eine noch
größere Vertiefung in dieselben, eine noch scharfsinni=
gere Auffassung des Charakters, ein noch reineres Heraus=
arbeiten des Geistigen zu überflügeln, sondern darauf, sie
durch das Raffinement des Nüancirens, durch die über=
raschenden Kunstpausen, gleichviel: ob am rechten oder
am unrechten Orte, selbst durch neue, wenn auch die Ver=
nunft der Situation zerstörende Accente zu frappiren.
Ein virtuoser Hamlet wird sich also nicht damit ge=
nügen lassen, den Monolog: Sein oder Nichtsein als
Ausdruck des in sich versenkten, brütenden und bewegten
Geistes als persönlichen Zustand zu sprechen, das wäre
allzu gewöhnlich, denn im Grunde, so schlecht oder gut wie
es ausgefallen sein mag, so waltet doch dies Streben
wenigstens in fast allen Darstellern des Hamlet vor. Der
virtuose Hamlet aber bricht kühn mit der ganzen Tra=
dition, er spricht den Monolog wie ein Professor, welcher
seinen Studenten das Kapitel vom Selbstmord vorträgt.
Das virtuose Gretchen wird sich nicht mit der Ver=
sinnlichung des unwiderstehlichen Zaubers der reizenden und
rührenden Naivetät und Einfachheit Gretchens, ihrer tiefen
Schmerzen, ihrer endlichen Zerrüttung genügen lassen. Dies

klingt nur noch wie eine schöne Sage durch die Darstellung des virtuosen Gretchens! Dasselbe wird sich daher vor Allem der Momente der Zerknirschung und des Wahnsinns bemächtigen und hier durch raffinirte Klügelei zu überraschen suchen, indem es in dem Wahnsinn unabläßig und auf das Raffinirteste die Erinnerung an frühere selige Stunden durchscheinen lassen will. Ja, das virtuose Gretchen wird, um nur neu zu sein, um fortwährend die erschlafften Nerven zu reizen, in der Kirchenscene sogar die Reden des bösen Geistes selbst sprechen. Dafür aber wird es sich mit der Versicherung beschenken lassen, daß mit ihrer Darstellung der Kirchenscene eine neue Aera für Gretchen anhebe!

Sind denn aber diese Extreme, zu welchen sich das Virtuosenthum verirren kann, Thatsachen oder Hypothesen? Darauf antworten wir im Sinn und Geiste des Tempelherrn (in Lessing's Nathan), welcher dem Patriarchen auf dessen letzte Frage, ob der ihm vorgelegte Fall ein wirkliches Ereigniß oder nur ein Problem sei, erwidert:

„Ein Problem!"

Das

Alterniren in Rollen im Schauspiel.

Jeder mit den Interessen des Theaters Vertraute wird die Wichtigkeit zugeben, welche die Erörterung der bedeutungsvollen Frage hat:

Ist das Alterniren von Rollen im Schauspiel als vernünftig und praktisch nützlich einzuführen oder zu verwerfen?

Versuchen wir in Folgendem das **Princip des Alternirens** zu untersuchen und das Ergebniß dieser Untersuchung darzulegen. Wir haben es hier nicht mit **Personen**, sondern mit **Principien** zu thun.

Was versteht man unter **Alterniren**? Welcher Begriff bildet seinen Gegensatz? Das Alterniren bedingt einen regelmäßigen Wechsel in der Darstellung einer Rolle durch zwei Künstler. Ihm gegenüber steht das System und die Praxis des **Remplacirens**, d. h. der Stellvertretung einer Rolle, wenn der im Besitz derselben befindliche Künstler durch Krankheit oder Abwesenheit verhindert ist, zu spielen. Das Princip des Alternirens fordert also eine **gesetzliche** Abwechselung im Spiel einer Rolle, während das Princip der Stellvertretung die Ausführung einer Rolle durch einen anderen Künstler von der **Zufälligkeit** der

Umstände abhängig macht. Wir werden die Frage nach der Vernünftigkeit und Nützlichkeit des Alternirens am sichersten beantworten, wenn wir uns sogleich auf den Standpunkt der Gegner des Alternirens stellen und uns dadurch den Weg zur Darlegung der großen Vortheile des Alternirens bahnen.

Man hat zunächst wohl gegen Alterniren den Einwand gerichtet, daß dadurch das Ensemble der Darstellung beeinträchtigt werde, daß die Sicherheit in der Ausführung und dadurch die Einheit des Kunstwerks leide, indem der Wechsel der Rollenbesetzung die volle Freiheit der Bewegung, den schönen Fluß des Zusammenspieles störe. Das klingt sehr künstlerisch, ist aber nur ein sophistischer Einwand gegen das Alterniren. Jedes Drama bedingt eine Fülle zusammenwirkender Kräfte. Je besser diese disciplinirt sind, desto sicherer bewegt sich das Ganze, desto besser ist das Zusammenspiel. Kann man denn aber stets über diese verschiedenen Kräfte so verfügen, daß man, wenn ein Räderwerk durch ein anderes ersetzt wird, noch dieselben Kräfte zusammen hat und über sie wirklich gebietet? Kann der regelmäßige Wechsel in der Darstellung einer Rolle durch zwei Künstler den lebendigen und frischen Fluß in der Bewegung, das Zusammenspiel hemmen? Nein! Der Ersatz einer einzigen Rolle durch eine andere Kraft (und wie oft muß nicht ein solcher Ersatz eintreten) beeinträchtigt schon das Zusammenspiel und wirkt hemmend auf die Einheit der Darstellung, um so mehr, je bedeutender das darzustellende Kunstwerk ist.

Ja, bei einem Werke, welches einen großen Umfang von Kräften fordert, ist eine Darstellung stets ganz mit denselben Personen fast eine Unmöglichkeit.

Ist dadurch nicht etwa jeden Abend das rasche Zusammenspiel gefährdet? Diese Einheit der Darstellung ist also bei jedem Personalwechsel der Darstellung gestört, um so mehr, je bedeutungsvoller und zahlreicher das in einem

Drama etwa beschäftigte Personal ist. Wohl aber ist durch das Princip der Stellvertretung die Einheit des Zusammenspieles allemal gefährdet, weil dazwischen ein viel größerer Zeitabschnitt liegt, welchen eine Probe niemals völlig ausgleichen kann!

Aber, sagen die Gegner des Alternirens, wozu überhaupt jemals alterniren? Man halte nur das einfachste Princip fest: Der beste Künstler für eine Rolle spielt diese Rolle stets! Damit hört alles Alterniren auf! Sehr richtig, wenn dieser Ausspruch nur etwas mehr Wahrheit hätte, als jeder nur abstracte Grundsatz, welcher sich erst in der Macht der Wirklichkeit bewähren muß.

Ja, wenn dieser abstracte Gedanke so, ohne Schwierigkeiten, auszuführen wäre, wenn der Beste sich immer unzweifelhaft herausstellte, dann wäre die Frage sehr leicht gethan! Wo das Exempel rein zu lösen ist, wo sich auch den schwächsten Augen der Beste sogleich herausstellt, da wäre freilich das Alterniren ein Luxus, höchstens eine Befriedigung der Eitelkeit und in vielen Fällen sogar eine Thorheit. Wenn man an einer und derselben Bühne z. B. Sophie Müller, Fleck, Ludwig Devrient und Seydelmann zugleich als Mitglieder zählte, so wäre ein Alterniren in Rollen wie: Emilia Galotti und Julia, Wallenstein und Carl Moor, als Sclave Syrus in den Brüdern des Terenz (eine der herrlichsten Leistungen Ludwig Devrient's), als Carlos im Clavigo nicht nur ein Luxus, sondern ein Unsinn, weil sich in den genannten Künstlern für die gedachten Rollen der erschöpfendste Ausdruck für dieselben findet. Aber wie unendlich selten sind jene Künstlernaturen, welche ein wahrhaft Höchstes, eine wirklich erschöpfende Menschendarstellung eines poetischen Charakters zu bieten vermögen! In allen diesen Fällen würden wir die eifrigsten Bekämpfer des Alternirens sein. Wir haben gezeigt, welch eine Bewandniß es mit jenem abstracten Grundsatz: der jedesmal

Beste spielt die Rolle, als Einwand gegen das Alterniren hat.

Die Fälle, in denen sich eine absolute Berechtigung für eine Rolle als unzweifelhaft herausstellt, sind sehr sparsamer Art. Die Praxis in der Schauspielkunst ist unendlich verwickelt und so vielseitig, daß man auf Schritt und Tritt den härtesten Collisionen bei Besetzung der Rollen begegnet. Und hier betreten wir recht eigentlich den Boden, wo das Princip des Alternirens in gewissen Fällen als einziges Auskunftsmittel zur Lösung unvermeidlicher Collisionen dient, zur Förderung des Künstlers gleich heilbringend als unentbehrlich ist; heilbringend für die Kunst und für den Künstler im Interesse des Publikums und der Verwaltung.

Das eigentliche Geheimniß jeder Bühnenleitung, ihr so zu sagen schöpferischer Akt ist die richtige Würdigung und Verwerthung der künstlerischen Kräfte, über welche die Leitung zu verfügen hat. Je tiefer der Blick des Leiters dringt, desto mehr vermag er die Kräfte seiner Mitglieder zu steigern.

In diesem Akt der vollen Erkenntniß der Kräfte der Bühnenmitglieder muß der Leiter der Bühne in dem Princip des Alternirens das eigentliche Mittel erblicken, die Collisionen nicht nur friedlich zu lösen, sondern auch zugleich segensreich für Künstler und Publikum zu verwenden. Dann erst erscheint das Alterniren als der Talisman, durch welchen der Bühnenleiter die noch verschlossene Kraft des Talentes zu entbinden, demselben den Boden für seine volle Entwicklung bereiten kann.

Der Flügelschlag eines jungen Talentes regt sich plötzlich, der Genius bricht vielleicht da hervor, wo man es am wenigsten erwartet hat. Das Talent, wie der Chef der Bühne sind davon überzeugt, daß man demselben einen Boden seines Wirkens und Schaffens gewähren müsse. Ein zu langes Hinhalten in der richtigen Beschäftigung

kann die schöne Kraft schwächen, ihr den Stachel des echten
Ehrgeizes abstumpfen. Wenn dieses frische Talent nur auf
eine Stellvertretung, oder auf die Einstudirung neuer Stücke
gewiesen ist, so ist es auf eine sehr schmale Kost gesetzt! Die
Furcht vor einem im Hintergrund lauernden Stellvertreter
übt eine für den Besitzer der Rolle wahrhaft gesund erhal=
tende Kraft aus; die Nervenschwäche legt sich, und die
Muskeln werden plötzlich wunderbar gestärkt. Endlich, nach
fast anderthalbjährigem Warten erscheint der Tag, wo der
ursprüngliche Besitzer einer Rolle dieselbe nicht spielen
kann, und das Glück seines Stellvertreters zu blühen scheint.

Der Gedanke entzückt das junge Talent, aber der lange
Zwischenraum kann durch die Begeisterung nicht allein über=
sprungen werden. Solch ein Tag erscheint aber sobald
nicht wieder, das junge Talent kann vielleicht nur durch
einen Salto mortale in das schöne Gebiet, welches ihm ge=
öffnet, hineinspringen. Die Furcht, diesen Tag zu verlie=
ren, wieder auf das Warten hingewiesen zu sein, täuscht
das junge Talent über seine eigne Kraft, es wagt den
Kampf, auch ohne die Ruhe der Vorbereitung abzuwarten.
Die natürliche Befangenheit, um so größer, je bedeutungs=
voller das Talent, und je größer es von seiner zu lösenden
Aufgabe denkt, gestattet dem jungen Künstler nicht, alle
seine Absichten zum künstlerischen Ausdruck zu bringen, es
bleibt zurück hinter dem, was es gewollt, und was es unter
anderen Umständen, namentlich unter der Gunst einer ruhi=
gen Vorbereitung, hätte leisten können. Das System der
Stellvertretung also, weit entfernt, das Talent zu fördern,
bewirkt vielmehr das Gegentheil. Soll nun ein schön be=
gabtes Talent nur auf die neuen Gaben warten, welche
etwa zur Aufführung kommen? Dann ist es schlecht be=
rathen! Wie wenig Erträgliches wird hier zu Tage geför=
dert, wie gering sind die Aufgaben, welche die junge Kraft
spornen, ihren Ehrgeiz antreiben, wie wenig nachhaltig sind
die Wirkungen, welche die neuen Producte ausüben! Was

bleibt also für die Entwicklung des Talentes übrig, als das Alterniren, d. h. die legitime, von der Willkür und der Zufälligkeit unabhängige Feststellung der künstlerischen Thätigkeit?

Das aufstrebende Talent ist, sobald ihm das Alterniren nicht zu Hülfe kommt, in trostloser Lage. Es beschwört den Chef der Bühne, ihm einen würdigen Wirkungskreis anzuweisen. Sobald das Alterniren verschmäht wird, kann ihm der Leiter der Bühne nur die Trostworte geben:

„Was thun? spricht Zeus; die Welt ist weggegeben:
Willst du in meinem Himmel mit mir leben,
So oft du kommst, er soll dir offen sein."

Aber mit diesem kümmerlichsten Troste kann sich das Talent nicht genügen lassen und erwiedert: Ich neide Niemand um deinen Himmel, mir aber laß meine Erde, ihre Kämpfe, ihre Lust und ihre Schmerzen! —

Wir glauben nachgewiesen zu haben, daß das Alterniren den einzigen Ausweg in den so mannigfaltigen Collisionen bildet. Durch dies Mittel allein übt die Direction eine allseitige Gerechtigkeit aus, sie versöhnt die Ansprüche des aufstrebenden Talentes mit den Ansprüchen des historischen Rechtes des Besitzers der Rolle. Ueberflügelt das Recht des Talentes in Wiederholungen das historische Recht so weit, daß eine Vergleichung beider Vertreter aufhört, so fällt das Alterniren von selbst fort und der Genius feiert seinen schönsten Sieg.

Aber auch für den Fall, daß sich zwei bedeutende Künstlerkräfte gleichzeitig an einer Bühne befinden, ist das Alterniren der eigentliche Hebel für die höchsten künstlerischen Interessen, das Mittel, wodurch allein die Entwicklung aller Kräfte nach allen Richtungen hin möglich ist. Künstler, Publikum und Direction gewinnen also dabei. Wir wollen das Gesagte nur durch ein einziges Beispiel veranschaulichen. Nehme man an, Ludwig Devrient und Seydelmann gehörten gleichzeitig einer Bühne an.

Für viele der herrlichsten poetischen Gestalten, welche diese großen Menschendarsteller geschaffen haben, wäre das Alterniren ein Wahnsinn. Nun giebt es aber eine Reihe bedeutender dramatischer Gestalten, welche in den Kreis der schöpferischen Thätigkeit Beider fallen, wo also das Alterniren das einzige Mittel bietet, diese Gestalten durch zwei große Künstler schöpferisch darstellen zu lassen. Wir nennen beispielsweise nur drei poetische Figuren, welche von beiden Künstlern im höchsten Sinne, und zugleich nach ihrer Begabung verschieden versinnlicht werden. Wir nennen nur Ossip in Isidor und Olga, Franz Moor und Shylock. Wir haben hier keine Phantasiebilder erfunden, um der Theorie des Alternirens willen. Jedermann weiß, daß die beiden genannten Künstler die erwähnten Rollen schöpferisch gestaltet haben, daß jeder von ihnen ein geniales und eigenthümliches Bild dieser Persönlichkeit geschaffen hat. Wer würde nun nicht darnach gestrebt haben, diese verschiedenen Gestalten selbst anzuschauen, wer im Publikum würde dadurch nicht angeregt worden sein? Und man wird doch wohl zugeben, daß Ludwig Devrient und Seydelmann so verschiedenartig begabt waren, daß sie sehr wohl gleichzeitig an einer Bühne wirken konnten.

Alle gewinnen also beim Alterniren; vor Allem die Künstler, weil es ihnen die kostbare Gelegenheit bietet, ihre Kraft nach allen Richtungen hin zur vollen Geltung zu bringen. Das Bedenken, als ob durch das Alterniren zweier bedeutender Darsteller das Parteiwesen Nahrung im Publikum erhielte, zerfällt durch die einzige Bemerkung in Nichts, daß man Gott nicht genug dafür danken könne, wenn Künstler die wärmste Sympathie für sich zu erregen vermögen. Die Kunst ist ein friedlicher Boden, um die Wettkämpfe einst zu Schlachten der Blauen und Grünen, wie die im ehemaligen byzantinischen Kaiserreiche, erweitern zu können! Wo wir also hinblicken, überall sehen wir im Gefolge des richtig angewendeten Princips des Alternirens Heil für die

Kunst, wie für die Künstler, für das Publikum, wie für die Direction, denn indem das Publikum durch das Alterniren einen größeren Antrieb erhält, eine Vorstellung öfter zu besuchen, als dies sonst der Fall sein würde, gewinnen auch die materiellen Interessen der Direction. Und warum will man nicht diese großen Vortheile ergreifen, welche durch keinen einzigen Nachtheil aufgewogen werden?

Wir haben, **unparteiisch** und **unpersönlich**, das Princip des Alternirens mit Evidenz als vernünftig und nützlich dargethan. Erwarten wir, daß der **Gedanke** auch die Kraft in sich trage, sich Wirklichkeit zu geben und die **Praxis zu reformiren**, wo dieselbe etwa noch im Widerspruch mit dem von uns entwickelten System des Alternirens steht.

Die Aufgabe und die Bedeutung des Regisseurs im Schauspiel.

Wir haben immer mehr über die Untauglichkeit oder Parteilichkeit einzelner Regisseure klagen und sich in Angriffen über deren Unfähigkeit ergießen hören, als daß man sich **die Thätigkeit des Regisseurs überhaupt zum Bewußtsein zu bringen** versucht hätte. Und doch kommt gerade darauf viel an. Mögen einige Andeutungen hier über das schwierige Amt des Regisseurs einen Beitrag dazu geben.

Die Thätigkeit des Regisseurs ist eine doppelte: eine rein theoretische in Bezug auf das Kunstwerk und eine praktische in Bezug auf den Schauspieler. Wir sprechen zunächst von der theoretischen. Der Regisseur soll das Kunstwerk für die Darstellung vermitteln; seine Thätigkeit kann sich also nicht darauf beschränken, wie es wohl oft geschieht, anzugeben, ob die Schauspieler von rechts, oder von links kommen, und wohin sie gehen. Der Regisseur soll vielmehr das darzustellende Kunstwerk in seinem Geiste tragen und anschauen; er soll also nicht nur das Werk in seiner Totalität vor Augen haben, sondern auch das Verhältniß der einzelnen Charaktere zu einander anschauen und begreifen. Nur dadurch ist es möglich, selbst die geistige Atmosphäre wiederzugeben, welche das Kunstwerk fordert, und in welcher es gedacht ist. Der Regisseur hat sich also nicht auf die ganz äußerliche Inscenirung eines dramatischen Werkes zu beschränken, sondern darauf hinzuarbeiten, das Werk in seiner geistigen Einheit und Harmonie zu versinnlichen, d. h. den poetischen Hauch desselben auch für die Darstellung wieder zu erzeugen.

Jedes dramatische Werk bedingt einen gewissen Grundton, durch dessen Wiedergabe wir in die poetische Atmosphäre des Werkes erhoben werden. Diesen hat der Regisseur zunächst zu überwachen und auf das Sorgfältigste zum Bewußtsein zu bringen. Hierher gehört, daß er nicht nur den Darstellern die Verhältnisse der einzelnen Charaktere zu einander klar mache, wo sie dieselben falsch auffassen, sondern daß er auch selbst die Tempi, in welchen die einzelnen Charaktere gesprochen werden müssen, ordne und überwache. Der Regisseur kann in dieser Beziehung durch eingehende Bemerkungen über das Ganze des Kunstwerks sehr viel thun. Er muß, wo er eine Ermattung findet, die Kräfte der Darsteller zu steigern versuchen, und wo er eine Ueberfülle und Maaßlosigkeit entdeckt, dieselbe zu mäßigen und ihr den Zügel anzulegen bemüht sein. Der Regisseur ist allerdings kein Schulmeister, und soll sich nicht in pedantische Erörterungen über Einzelnheiten verlieren, aber er hat die große künstlerische Pflicht, die Lücken, die in der Darstellung des Einzelnen entdeckt und durch welche Schönheiten des Werkes verloren gehen, zu bezeichnen und anzudeuten, so daß ihnen abgeholfen werden kann. Immer wird der Regisseur also das Eine vor Augen haben, wie die poetische Idee des Kunstwerkes durch die Darstellung versinnlicht und wiedergegeben werden kann.

Schwieriger noch als diese rein **theoretische** Thätigkeit ist die **praktische** Seite, welche der Regisseur zu vertreten hat. Wir können sie ganz allgemein als das **sittliche Moment** in seiner Thätigkeit bezeichnen. — Der Regisseur hat es mit der Menge von einzelnen Individuen zu thun, welche er zu einer Totalität vereinigen soll. Collisionen sind dabei ganz unvermeidlich, und es kommt vornehmlich darauf an, diese Collisionen, wo sie sich hervorthun, theils durch die Einsicht in ihre Natur zu beseitigen, theils durch seinen sittlichen Willen und seine Entschlossenheit zu besiegen. Der Regisseur hat auf diesem Gebiete eine **doppelte Stellung**; er vertritt einmal das Institut in seiner Gesammtheit und in allen seinen objectiven Interessen, dem einzelnen Schauspieler gegenüber, aber er vertritt auch die Rechte und Interessen der Darsteller, dem Chef der Bühne gegenüber. In diesem praktischen Gebiete muß sich die echte Unparteilichkeit, welche nur die Sache und nicht die Person vor Augen hat, offenbaren. Die erste Pflicht des Regisseurs ist natürlich die, für die einzelnen Rollen die geeignetsten Vertreter vorzuschlagen und zu wählen. Dies ist nur unter der Bedingung eines klaren Bewußtseins, sowohl über das Kunstwerk, als über die Begabung der einzelnen Mitglieder möglich. Ein theoretischer Irrthum oder eine Parteilichkeit wird sich immer insofern schwer rächen, als das Kunstwerk durch eine verfehlte Besetzung im Einzelnen nothwendig leiden muß. Der Regisseur hat also mit der sorgfältigsten Abwägung der einzelnen Talente, und ohne Haß und Vorliebe für die geeignetste Besetzung im Einzelnen Sorge zu tragen, und wo er Widerstand findet, sein künstlerisches Votum motivirt abzugeben. Kann er seinen Gründen keine zwingende Gewalt geben, so hat er wenigstens im Interesse des Kunstwerks und des Publikums die heilige Pflicht, sein künstlerisches Votum zu wahren und auszusprechen. Der Regisseur hat ferner die heilige Pflicht, den auf Eitelkeit und Anmaßungen beruhenden Ansprüchen der einzelnen Darsteller mit sittlicher Kraft entgegen zu arbeiten, und sie, so weit er es vermag, von der Nichtigkeit ihrer Anmaßung zu überzeugen. Diese Thätigkeit wird aber nur dann von einem wahrhaft heilbringenden Erfolge sein, wenn der Regisseur zugleich den Beweis giebt, daß er die künstlerisch berechtigten Ansprüche der Darsteller ohne Menschenfurcht auch gegen den Chef der Bühne geltend zu machen weiß und sich also zur rechten Zeit zum würdigen Vertreter auch der künstlerischen Ansprüche der Schauspieler macht. Nur wenn die Darsteller wissen und die Ueberzeugung haben, daß derselbe Regisseur, welcher ihnen in ihren Ansprüchen oft entgegen tritt, auch ihre Rechte mit Energie zu vertheidigen weiß, wird er da, wo er Anmaßungen zurückweisen muß, mit Erfolg und überzeugender Kraft wirken können. Keine schlimmere Eigenschaft für einen Regisseur als Servilität, bestehe sie nun in einem feigen Nachgeben gegen die Ansprüche der Darsteller, um nicht mit ihnen in Collision zu kommen, oder in einer feigen Connivenz gegen die Autorität des Chefs. Nur durch eine unabläßige Doppelthätigkeit gegen diese Elemente vermag sich der Regisseur die sittliche Achtung sowohl der Mitglieder, als des Chefs der Bühne zu erzwingen. Allen muß er die Ueberzeugung aufdringen, daß es ihm einzig und allein darum zu thun ist, die einzelnen Kräfte zur Hervorbringung des Ganzen zu vereinigen. Nur dadurch wird das Kunstwerk rein hervortreten und gleichzeitig das Interesse des Instituts als Ganzes, so wie das der einzelnen Darsteller gewahrt werden.

Was heißt in der dramatischen Darstellung auf den Effect spielen?

Man hört sehr oft klagen darüber, daß ein Schauspieler auf den **Effect spiele**, aber man giebt sich sehr selten Rechenschaft darüber, was man darunter versteht, noch weniger hat man ein Bewußtsein darüber, was es denn eigentlich heißt, **auf den Effect spielen**. Wer auf den **Effect spielt**, dem ist der **laut rauschende Beifall Zweck und Ziel** seiner Kunst. Aber damit ist auch schon eine Verurtheilung ausgesprochen. Wer auf den Effect spielt, dem ist nicht **die Sache selbst**, d. h. die Darstellung des Charakters, sondern der äußere Erfolg des Spiels Zweck und Ziel. Vom künstlerischen Standpunkt aus ist dies jedenfalls **verwerflich**. Wer auf den Effect spielt, erklärt stillschweigend, daß ihm der **laute Beifall**, also immer nur eine **mögliche Folge** der Darstellung das letzte und höchste Ziel seiner Kunst sei. In der That aber soll dem Künstler nur die **innere Wahrheit** Zweck und Ziel sein, alles Andere ist dagegen **untergeordnet**. Wer auf den Effect spielt, erklärt also, daß er sich nicht einzig und allein von der inneren Wahrheit leiten läßt. Auf den Effect spielen heißt also eine Folge, die auch möglicher Weise ausbleiben kann, zum Hauptgesichtspunkt seines Spieles machen. Es ist eine ganz natürliche Folge Desjenigen, der auf den Effect spielt, daß er stets darauf bedacht sein wird, seiner Rolle so viel als möglich Höhepunkte abzugewinnen, welche ihm einen lauten Beifall eintragen. Es liegt dabei die Gefahr sehr nahe, Anderes in der Rolle, was sich nicht zu einem solchen Höhepunkt des Effectes emportreiben läßt, dagegen zu vernachlässigen oder ganz fallen zu lassen. Wer also auf Effect spielt, macht nicht die Darstellung des inneren Zusammenhanges eines Charakters zum entscheidenden Gesichtspunkte, sondern die Verwerthung glänzender Einzelnheiten. Er will hervorragende Pointen zeigen, nicht aber, worauf doch Alles ankommt, ein innerlich organisches Ganze geben. Wer auf den Effect spielt, muß also nothwendiger Weise seine Darstellung darauf beschränken, die zündenden Momente eines Charakters vor Allem hervorzuheben; er muß daher nothwendiger Weise Anderes, in der Entwicklung des Charakters nicht minder Nothwendiges vernachlässigen. Wer auf den Effect spielt, richtet also stets die Frage an sich: Was wird in meiner Darstellung des Charakters am meisten wirken? Auf welche Wendungen des Charakters muß ich das meiste Gewicht legen? Der Darsteller, welcher auf den Effect spielt, macht mithin sein Spiel von etwas ganz außer der Rolle Liegendem abhängig, er macht eine nur äußere Folge zum absoluten Gesichtspunkt seines Gestaltens. Dem wahrhaften Künstler soll aber allein daran liegen, den Charakter, und nur den Charakter, in seiner ganzen Bedeutung zu fassen und vor uns auszulegen. Er hat also diese oder jene Pointe des Charakters nicht mit einer besonderen Vorliebe zu behandeln, sondern muß die Liebe vielmehr **gleichmäßig auf alle Phasen der Entwicklung ausdehnen.** Wer auf den Effect spielt, wem nicht die **innere Wahrheit** sein letzter Gesichtspunkt ist, wird seiner Vorliebe für **lauten Beifall** nothwendig gewisse Momente in der Darstellung opfern, weil sie, **mehr unscheinbar**, nicht dasselbe Resultat herbeiführen können. Wem es dagegen in seiner Darstellung nur um die **innere Wahrheit** zu thun ist, der wird allen Momenten des Charakters eine **gleiche** Sorgfalt und eine **gleiche** Wärme angedeihen lassen und sich nur die einzige Frage vorlegen: Ist dieser mir vom Dichter gegebene Zug **charakteristisch?** und: Wie stelle ich das **Charakteristische am wahrsten in das Licht?** Nur wer überall in seinem Spiele auf die **innere Wahrheit** des Charakters ausgeht, wird ein **organisches Ganze** geben können und nie in Gefahr sein, nur **einzelne** gewichtige Momente herauszuarbeiten und zum Mittelpunkte seiner Darstellung zu machen. Wer die **innere Wahrheit** erstrebt, fragt also nicht: Wird diese oder jene Pointe einen **rauschenden Beifall** erringen? sondern nur: Wie gebe ich am klarsten und reinsten das innere Leben des Charakters wieder? Wer nur die **innere Wahrheit** zu Rathe zieht, wird also kein Bedenken tragen, eine noch **so verlockende äußere Pointe** aufzuopfern, wenn dadurch die Wahrheit des Charakters beeinträchtigt wird. Wer die **innere Wahrheit** des Charakters zum entscheidenden Gesichtspunkt macht, wird stets **unbekümmert** sein um den etwaigen äußern Erfolg in seiner Darstellung, er wird vielmehr zur Kraft der Wahrheit so viel Zutrauen haben, daß sie allein, und **nur sie**, die alleinige Gewalt über die Gemüther, das **Wahre immer die meiste Kraft hat.** Ein wahrhaft großer Schauspieler wird es sich daher zur Gewissenssache machen, niemals auf den bloßen Effect hin zu spielen, sondern unter allen Umständen die Frage nach der inneren Wahrheit zum einzigen entscheidenden Gesichtspunkt machen.

Der Conversationston, seine Bedeutung und seine Grenzen.

Die erste Frage, welche uns bei diesem schwierigen und bis jetzt so gut wie gar nicht entwickelten Thema entgegentritt, ist die: Was verstehen wir in der Schauspielkunst überhaupt unter Conversationston?

Der Conversationston steht, wie schon der Ausdruck sagt, dem Tone des gewöhnlichen Lebens am nächsten und ist der Gegensatz gegen den Ton des Kothurns, ein Ausdruck, den wir darum wählen, weil er die Form der griechischen Tragödie ausdrückt, welche als die eigentlich ideale Welt, der Welt des gewöhnlichen Lebens am entschiedensten gegenübersteht. Hiemit ist schon ein wichtiger Gegensatz bezeichnet, indem dem Tone des Lebens, welcher sich den Gesetzen des Lebens am meisten nähert, der Ton entgegensteht, welcher als der idealen Welt angehörend, stets eine gewisse Feierlichkeit bedingt. Es wäre aber durchaus falsch, wenn man den Conversationston dem idealen Ton überhaupt gegenüberstellen, und den letzteren als Gegensatz des ersteren bezeichnen wollte. Denn der ideale Ton gehört überhaupt der Kunst an, und faßt eben so den Ton des Lebens mit seinem leichten Flusse, als den Ton der Feierlichkeit in sich. Eben so falsch ist es, wenn man den Conversationston der Prosa, seinen Gegensatz aber der gebundenen Rede zuweist. Ist auch der Conversationston besonders und vorzugsweise in der Prosa heimisch, so schließt doch die Prosa, weil wir uns im Gebiete der Kunst befinden, weder den idealen Hauch aus, welcher alles künstlerische Leben begleiten soll, noch ist von der gebundenen Rede umgekehrt der natürliche Ton ausgeschlossen, welcher uns mit dem Leben zusammenschließt.

Die erste Forderung, welche wir an den Conversationston in künstlerischer Hinsicht machen, ist die der Leichtigkeit der Rede, welche, fern von aller Anstrengung, das Wort mühelos auf die Lippen hebt. Mit dem Conversationstone verhält es sich, wie mit dem vornehmen Anstand. Dieser ist zunächst nur negativer Natur, und beruht auf der Abwesenheit alles Störenden, Ungeschickten und Unschönen. So fordert auch der gute Conversationston vor Allem die Abwesenheit alles Schwerfälligen, aller Anstrengung, alles Störenden und Unschönen in der Aussprache. Es hängt damit wesentlich zusammen, daß der Conversationston, von dem alles Gewaltsame, Unschöne und Störende entfernt ist, den vollen Eindruck der Natürlichkeit mache. Denn durch den guten, edlen Conversationston steht vor Allem ein feingebildeter Mensch aus der guten Gesellschaft vor uns, dem man es in jedem Augenblicke anfühlt, daß er seine Gedanken leicht, frei und fließend ausspricht und das Gewaltsame und Unschöne von sich fern hält. Je mehr nun der Conversationston den feingebildeten Menschen vor uns abspiegelt, je weniger derselbe irgend eine besondere Lebensstellung, oder eine particuläre Lebensthätigkeit merken und durch seine Rede hindurchscheinen läßt, je reiner und unverkümmerter sich also nur das allgemein Menschliche, die geistige Bildung, in seiner Rede geltend machen, desto

edler und künstlerischer ist der Conversations=
ton. In dem Gesagten liegt auch, warum der echte
Conversationston jeden Dialekt schlechthin aus=
schließt. Denn durch den Dialekt steht stets der Mensch
einer besonderen Landschaft, aber kein allgemei=
ner Mensch vor uns. Je mehr wir also im Conver=
sationston einen Dialekt vernehmen, um so mehr
werden wir sogleich aus der Anschauung des allgemein
Menschlichen herausgeworfen und auf die Anschauung
nur einer Landschaft eingeschränkt. Die gebun=
dene Rede schließt, wie wir schon oben bemerkten, den
Conversationston durchaus nicht aus; sie bedingt
nur den feineren Schliff und eine elegantere Behand=
lung desselben. Die Natur des Werkes, die Situation, die
Charaktere entscheiden einzig und allein über die An=
wendung des Conversationstones und über die
Grenzen seines Gebrauchs. So fordert der „Tasso"
Goethe's den edelsten und feinsten Conversations=
ton, durch welchen wir uns heimisch fühlen sollen in dem
idealen Kreise, in welchen uns das Werk versetzt, und
worin wir doch zugleich keinen pathetischen Vortrag
vernehmen wollen, der uns ganz aus der Illusion einer
idealen feinen Gesellschaft herauswerfen würde. Der
größte Feind des echten, feinen Conversationstones
wird stets die Schwere der Zunge sein, welche uns
stets noch die Arbeit und Anstrengung zeigt, welche
für das Ohr schlechthin überwunden sein soll. Nur
durch die Leichtigkeit, mit welcher alle einzelnen
Elemente der Sprache behandelt werden, ist es möglich,
dem Zuhörer das Gefühl aufzudringen, daß er die Sprache
des Lebens hört und zugleich nirgends an den Akt des
Sprechens und seine mechanische Thätigkeit erinnert wird.
In allem Conversationston müssen sich daher die
Momente der Deutlichkeit und sinnlichen Klar=
heit einerseits, und die Leichtigkeit in der Behandlung

der Rede anderseits das Gleichgewicht halten. Durch dies Gleichgewicht ist es allein möglich, daß ein idealer Hauch über das Ganze der Rede ausgebreitet ist und daß unser Verstand im Vernehmen des klaren Sinnes der Rede ebenso befriedigt, als unser künstlerisches Gefühl durch das leichte Dahingleiten des Redeflusses anmuthig berührt werde. Es gehört ein sehr feiner, künstlerischer Tact dazu, in jedem konkreten Falle zu unterscheiden, ob der Conversationston hier an seiner Stelle ist oder nicht. Die falsche, unkünstlerische Anwendung des Conversationstones kann die Situation, wie die ganze Rede nicht minder um all ihre Wahrheit bringen, als umgekehrt die Anwendung des Pathos, wo es nicht an der Stelle ist.

So würde der Conversationston, angewendet auf ein Werk der antiken Tragödie oder auf Goethe's „Iphigenia", die Natur dieses Werkes nicht minder zerstören und um all ihre Hoheit bringen, als umgekehrt die Feierlichkeit und das Pathos ein leichtes Lustspiel um allen Zauber und um alle Eleganz bringen würde.

Der Conversationston, sagten wir, richtet sich stets nach der Situation wie nach den handelnden Personen. Der Conversationston ist daher der mannigfaltigsten Modulationen fähig, welche er, je nach der Situation oder den Charakteren, anzunehmen vermag. Eine künstlerische Natur wird die verschiedenen Färbungen, deren der Conversationston bedarf, mühelos und durch sicheren Tact finden.

Ja, bei denselben Personen wird sich der Conversationston je nach der Situation ändern, dadurch allein kann eine Monotonie von demselben fern gehalten werden. Nicht nur also, daß der Ton, welchen Pylades in der „Iphigenia" anschlägt, sich dem Conversationstone vielmehr nähern und in denselben übergehen wird, als der Ton des mit dem Fluche beladenen

Orest, so wird sich auch der Conversationston des Egmont stets je nach der Situation, in welche er versetzt ist, verschieden färben. Derselbe wird den Bürgern und seinem Secretär gegenüber viel leichter sein als Oranien und Alba gegenüber. Auch Alba gegenüber soll Egmont kein etwa antikes Pathos haben; aber das Bewußtsein der Bedeutung dieser Situation wird dem Tone auch eine kräftigere Haltung geben und ihn von dem leichten Conversationston fern halten.

Der Conversationston kann endlich, eingestreut in die pathetische Rede oder den Erguß des Affectes, von größerer künstlerischer Wirkung sein, indem er uns dadurch erinnert, daß ein natürlich empfindender Mensch vor uns steht, der sich momentan aus dem Pathos zurückruft und gerade dadurch dem Pathos nur eine um so höhere Weihe und Wahrheit verleiht.

Aus allen diesen Betrachtungen folgt, daß der Conversationston niemals einen stärkern und hartnäckigeren Feind haben kann, als die Declamation, denn diese macht stets die Tonschwingung, als solche überhaupt, also das rhetorische Element zum Zweck; sie will durch das mehr musikalische Element der Rede dem Ohre schmeicheln und gefallen. Die Declamation als solche, macht nicht die Wahrheit und das Leben zum letzten Zweck, dem alles Andere untergeordnet werden soll. Die Declamation dringt also stets zerstörend in den Conversationston ein und raubt ihm Leben, Wahrheit und Leichtigkeit.

Je künstlerischer der Darsteller den Conversationston beherrscht, je mehr er ihm mannigfaltiges Leben leiht, desto mehr wird derselbe dadurch auch geschützt sein, in Declamation und falsches Pathos abzuirren. Der Darsteller hat also um so mehr die Pflicht, den Conversationston künstlerisch auszubilden, als er dadurch zugleich sicher ist, nicht der Declamation und damit einer Manier zum Opfer zu fallen. Lange andauernde Uebung und eifriger Fleiß in der Ueberwältigung jedes etwa noch schweren Lautes oder eines widerstrebenden Sprachelementes können selbst spröden Organen eine bedeutende Leichtigkeit abgewinnen lassen und der Rede durch Abschleifung jeder zu scharfen Spitze einen schönen Fluß verleihen.

Was versteht man in der Kunst unter „Manier". Mit besonderer Beziehung auf die Schauspielkunst.

Wie oft hört man nicht in der Kunst von Manier sprechen und wie wenig ist im Ganzen zur Feststellung dieses Begriffes geschehen. Einige Andeutungen sollen uns diesen Begriff näher bringen. In jedem Kunstwerke haben wir eine Durchdringung des Idealen und Realen vor uns. Die Idee schafft sich in jedem Kunstwerke ihren eigenthümlichen Leib, indem sie ganz in denselben aufzugeben bemüht ist und ihn auf jedem Punkte durchdringt. Jeder große Künstler wird dieser Durchdringung der Idee und der Wirklichkeit ein eigenthümliches Gepräge verleihen, wodurch es sich sogleich als das eines bestimmten Meisters und einer bestimmten Individualität ankündigt. Die Art und Weise nun, welche der Künstler in der Durchdringung des Idealen und Realen in seinem Kunstwerke verfolgt, wodurch er sich als der ureigenthümliche Meister von allen Andern unterscheidet, nennen wir seinen Styl. Im Style des Künstlers offenbart sich also seine Eigenthümlichkeit, unbeschadet des objektiven Gehaltes, welchen das Kunstwerk darbietet. Der **Styl** ist also gewissermaßen das Geheimniß, wodurch sich der Künstler als ein **völlig individueller Geist**, unterschieden von allen Künstlern derselben Gattung, erkennen läßt. Je größer ein Künstler ist, desto eigenthümlicher wird auch sein **Styl** sein, welcher uns den **ewigen Gehalt** seiner Idee vorlegt. Von dem ureigenthümlichen Style des Künstlers gilt durchaus das Wort **Lessing's**, welches er von **Shakespeare** braucht: es sei leichter, dem Herkules seine Keule abringen, als wie dem Shakespeare einen einzigen Vers. In jedem ächten Kunstwerk erhält daher die Idee stets ein völlig eigenthümliches Gepräge, welches so sehr zu der Natur des Kunstwerkes gehört, daß es gar nicht von demselben getrennt werden kann. Dieses **individuelle Gepräge**, welches wir in den größten Kunstwerken aller Zeiten wieder finden, bezeichnet die Individualität des Künstlers, insofern sie die Idee, das In-sich-Allgemeine aufgenommen und derselben Gestalt gegeben hat. **Jeder wahrhaft große Künstler ist daher auch in dem Sinne individuell**, daß allen seinen Schöpfungen sein **ureigenthümlicher Styl** aufgedrückt wird. Je größer der Künstler ist, desto **individueller** wird auch sein Styl sein, weil er sich grade dadurch in seiner ganzen **plastischen Bestimmtheit** zeigt. In diesem Sinne schufen sich **Shakespeare, Goethe, Schiller, Mozart, Rafael** ihren eigenthümlichen Styl, durch welchen uns jedes ihrer Kunstwerke zuruft: Ich bin Shakespeare's oder Rafael's u. s. w. Je **schöpferischer** daher ein großer Künstler ist, desto **individueller** wird er auch stets sein, das heißt, desto schärfer wird jedem seiner Werke sein eigenthümlicher Styl aufgedrückt sein. Durch diese Eigenthümlichkeit des Künstlers leidet nicht nur das Kunstwerk keinen Eintrag, sondern es glänzt vielmehr erst dadurch in seiner **vollsten Bestimmtheit**. Wenn sich dagegen in den schöpferischen Akt, durch welchen die Idee in dem Kunstwerk Gestalt gewinnt, irgend etwas einschleicht, worin sich nur das Individuelle oder Persönliche des Künstlers ausdrückt, ohne daß sich der individuelle Gehalt des Kunstwerks offenbart, so entsteht das, was wir Manier nennen. In der Manier scheidet sich also der Künstler gewissermaßen von dem allgemeinen Boden der Idee ab, und stellt sich nur in seiner individuellen Bestimmtheit vor uns hin, ohne daß dadurch ein künstlerisches Interesse befriedigt wird. Wo daher Manier in der Kunst herrscht, erscheint der individuelle Ausdruck des Künstlers nicht zugleich erfüllt und gesättigt von einem allgemeinen und objektiven Inhalt, sondern es drückt sich darin nur etwas Besonderes und Zufälliges aus, welches keinen idealen und ewigen Inhalt in sich aufgenommen hat. Die Manier wird also immer im Unterschiede vom Styl nur die zufällige Besonderheit des Künstlers ausdrücken, welche nicht von einem allgemeinen Gehalte erfüllt ist. In keinem großen Künstler, welcher Gattung er auch angehören möge, herrscht daher Manier, sondern stets nur Styl, denn diese bezeichnet immer nur die besondere Art und Weise, welche die Idee durch den Künstler erhalten hat. Die Manier nun wird um so verwerflicher sein, je weniger sie gemein hat mit einem idealen künstlerischen Gehalte, je weniger sich in ihr die Idee des Kunstwerks ausprägt. Je mehr sich also in einem Kunstwerke ein so zu sagen individueller Ueberschuß des Künstlers über die Idee, welche er darzustellen beabsichtigt, hervordrängt, desto mehr Manier wird er offenbaren, desto mehr wird er sich aber auch von dem objektiven Boden der Kunst getrennt haben.

In der Schauspielkunst nimmt nun das Wesen der Manier einen besonders großen Spielraum ein, und es kommt darauf an, diesen Kreis so viel als möglich zu verengen, denn nur dadurch kann das dichterische Kunstwerk in seiner vollen Größe vor uns erscheinen. In der Schauspielkunst kommt Alles darauf an, daß der Darsteller ganz in dem darzustellenden Charakter aufgehe, ihn vor uns entfalte und weiter nichts als ihn. Wir wollen also beim Anblick des Darstellers niemals an seine individuelle Persönlichkeit erinnert werden, sondern nur den Charakter vor uns sehn, den er darzustellen hat. Drängt sich dagegen in diesem Gestaltungsprozesse ein Zug hervor, durch welchen sich die besondere und zufällige Persönlichkeit des Darstellers ankündigt, so beginnt das Reich der Manier. Durch die Manier scheidet sich also jeder Darsteller gewissermaßen von dem darzustellenden Charakter ab, indem er ihm Züge giebt, welche nicht zu seiner Natur und Eigenthümlichkeit gehören.

Das Reich der Manier in der Schauspielkunst ist ein sehr weites. Sie kann sich in den mannigfaltigsten Formen offenbaren: in der Plastik, in der Bewegung wie im Tone. Auch der genialste Künstler wird unablässig in seinen Studien darauf zu achten haben, daß er streng Alles vermeidet, was nur seiner Persönlichkeit angehört und nicht zur Darstellung des Charakters erforderlich ist. Die Haltung, die Kopfwendung, die Handbewegung können zur Manier werden, sobald sie einen stereotypen Charakter annehmen, der nichts mehr mit dem darzustellenden Charakter gemein hat und nur der zufälligen Individualität des Schauspielers angehört. Der weiteste Kreis der Manier wird sich allerdings im Tone offenbaren. Sie wird überall da herrschen, wo sich in der Recitation irgend eine Besonderheit des Schauspielers geltend macht, wodurch also stets das Bild des Charakters getrübt wird. Mag sich nun die Manier darstellen in einem gewissen wiederkehrenden singenden Tonfall, in einem zu schweren Belasten der kurzen Endsylben, oder in einer gewissen Dehnung der Rede, oder in einer gewissen Einförmigkeit des Tempos, immer wird durch die Manier das Bild des darzustellenden Charakters getrübt sein, und wir werden anstatt desselben immer nur den zufälligen Darsteller vor uns haben. Nur wer in der Schauspielkunst das Bild des Charakters darstellt, wie es der Dichter hinzeichnet, ist ohne Manier, das höchste und zugleich schwerste Ziel der Kunst, und nur der Schauspieler ohne Manier, das heißt, ohne ein Hervordrängen seiner individuellen Persönlichkeit, wird uns eine völlige Illusion bereiten können.

Die Manier darf durchaus nicht als eine Schranke aufgefaßt werden, welche die Natur gezogen hat. Ein körperlicher Mangel oder gar ein organischer Fehler haben nichts mit der Manier gemein. Diese stammt vielmehr nur aus der Freiheit und kann auch nur durch die Freiheit des Geistes wieder entfernt werden. Das Wort des Mephisto: „Wo sie hereingeschlüpft, da müssen sie hinaus," gilt auch vollständig von der Manier. Diese hat sich des Individuums bemächtigt und kann nur durch den freien Entschluß wieder vertrieben werden. Der absolute Grund der Entstehung jeder Manier wird zunächst immer in der übermächtigen Zärtlichkeit der Individualität, mithin also in einer gewissen Eitelkeit des Individuums zu suchen sein, dem Publikum etwas ganz Besonderes, Apartes, noch nie Dagewesenes zu bieten. Durch diesen Gedanken geleitet gelangt der Mensch leicht zu etwas Absonderlichem und gefällt sich in der Vorstellung, etwas recht Individuelles zu nähren, wodurch er sich von allem Andern unterscheidet. Dazu gesellt sich die falsche Benutzung bedeutender Vorbilder, welche, vornehmlich in der Schauspielkunst, vielmehr in ihren Schwächen als in ihrer Stärke als Muster aufgenommen und nachgebildet werden. Es ist sehr natürlich, daß sich dabei das Absonderliche, vom allgemeinen Boden der Kunst Getrennte viel leichter darbietet, als das in sich Wahre und Allgemeine. Denn Letzteres kann nie copirt, sondern nur schöpferisch wiedergeboren werden. Nur das Absonderliche, von dem allgemeinen Boden der Kunst Getrennte ist copirbar. Daher die Erscheinung, daß sich von einer bedeutenden, glänzenden Künstlernatur vielmehr ihre Schwächen und ihre negativen Seiten zur Nachbildung darbieten, als ihre wahrhafte Stärke.

Die Abwesenheit von Manier ist, wie wir zu zeigen versucht, allerdings eine negative Bedingung der wahrhaften Kunst. Deshalb ist aber die Abwesenheit der Manier noch gar keine Bürgschaft einer Künstlernatur, eben weil die Abwesenheit der Manier nur negativer Natur ist. Es kann daher Darsteller geben und es giebt deren, welche ohne Manier, aber dennoch keine wahren Künstler sind, ja welche, trotz aller Abwesenheit von Manier, dennoch in hohem Grade trocken, nüchtern und prosaisch sind, und dies rührt daher, weil die Abwesenheit der Manier noch durchaus keine Bürgschaft einer gestaltenden und schöpferischen Kraft einschließt.

Ist nun die Manier, welche wir als aus der Freiheit des Geistes erwachsen nachgewiesen, zu beseitigen und zu überwinden? Nur durch den schöpferischen Akt des Geistes. Goethe erzählt uns, daß er seine unsterbliche Iphigenia in Italien einer herrlichen Marmorstatue der heiligen Agathe vorgelesen habe, um in jedem Augenblicke zu prüfen, ob diese Worte wohl aus diesem Munde hervordringen könnten. Fand er eine Wendung dieser Erscheinung nicht entsprechend, so änderte er den Ausdruck als nicht völlig ideal und nicht in absoluter Harmonie mit der Gestalt, der die Worte entströmen sollten. In diesem Sinne hat jeder Darsteller und jede Darstellerin im Geiste den Charakter so gerundet und abgeschlossen vor die Phantasie zu stellen und zu prüfen, ob die Rede, die er spricht, diesem Munde angehören könne, ob der Ton, den er ausspricht, in Harmonie stehe mit dem Charakter, den er in seiner Phantasie vor sich hat. Findet also ein Darsteller, daß ein König Lear, ein Macbeth, ein Romeo, oder eine Darstellerin, daß eine Desdemona, eine Julia oder eine Maria Stuart nicht so sprechen, nicht so sich geberden können, so ist dies ein Zeichen, daß das zu gebende Bild das dichterische Bild nicht deckt, daß er oder sie also mit dem Bilde eine Veränderung vornehmen müsse, um die volle Harmonie der innerlich angeschauten Gestalt mit dem dichterischen Bilde herzustellen. Nur auf diesem Wege wird sich der Darsteller auf einer Manier ertappen können, d. h. nur also wird er zu der Ueberzeugung zu gelangen vermögen, ob eine Tonschwingung, ein Tonfall, ob überhaupt der ganze Grundton dem dichterischen Gebilde entspreche, welches er zu verkörpern hat.

Die erste Bedingung, diesen Prozeß fruchtbar zu machen, ist freilich die, daß der Schauspieler ein klares Bild des Charakters in seiner Phantasie habe und zweitens, daß er sich mit kritischem Ohre höre.

Nur so ist es möglich, daß der Darsteller unablässig die ihm wirklich entströmenden Töne mit dem dichterischen Bilde vergleichen kann, welches er verkörpern will. Nur dadurch vermag er jeder Manier, die sich etwa eingeschlichen, auf die Spur zu kommen und sie auszusondern. Die Beseitigung der Manier ist also stets eine Art Reinigungsprozeß, ein Exorcismus, wodurch die schlechte Individualität getödtet wird, damit die dichterische Gestalt daraus rein erwachse. Wer überhaupt, und dies ist doch die Grundbedingung jedes Schauspielers, eine Gestalt im Geiste anzuschauen und schöpferisch vor die Phantasie hinzustellen vermag, der wird auch diesen von uns angegebenen Prozeß siegreich durchführen können. Nur so wird der begabte Darsteller es möglich machen, sich von allen, nur der zufälligen Individualität angehörigen Zügen zu befreien, und das reine objective künstlerische Gebilde wiederzugeben.

Die Phrasen von Idealismus und Realismus in der Schauspielkunst.

Es ist besonders in neuerer Zeit viel Unfug mit diesem Gegensatze in der Schauspielkunst getrieben worden. Die Leute, welche ihre dürftige philosophische Bildung durch einige, dem Zeughause der Philosophie entnommene Phrasen zu verbergen suchen, haben besonders dahin gewirkt, die Begriffe zu verwirren und gedankenlos diese Gegensätze anzuwenden, anstatt ihren Werth und ihre Bedeutung erst kritisch, je nach dem Wesen der verschiedenen Künste, zu untersuchen und festzustellen.

Zu diesem Unfug, welchen man mit dem Gegensatze des Idealismus und Realismus in der Schauspielkunst treibt, trägt besonders bei, daß Menschen, welche von philosophischer Bildung ganz entblößt sind, sich das Ansehen geben, als ob sie mit derartigen Redensarten über gewisse Erscheinungen in der Schauspielkunst ein neues Licht verbreiten und einen begabten Schauspieler zu einem Genius erheben könnten. Die Unwissenheit beschenkte diese oder jene vorübergehende Tagesgröße mit dem pomphaften Lobe, in deren Darstellungen sei der wahre, der echte Realismus wieder in sein Recht eingesetzt worden, während Andere entgegnend bemerkten, mit so realistischer Tendenz in der

Darstellung könne eine echt poetische Illusion nicht bestehen, ja, man werde, wenn dieser Realismus Boden gewinne, zuletzt alle Poesie in der Schauspielkunst über den Haufen werfen.

Dies und ähnlich lautendes Raisonnement, das man in neuerer Zeit oft hört und auch gelesen hat, schließt ein ganzes Nest von Gedankenlosigkeit und Unwissenheit ein. In der Schauspielkunst nämlich hat es noch niemals einen Darsteller oder eine Darstellerin von nur einiger Bedeutung gegeben, welche nicht unablässig beide Seiten, die idealistische und realistische, in sich vereinigt hätten, welche nicht in jedem Momente der Realität gerade eben so viel Recht eingeräumt hätten, als der Idealität. Man mag die Schauspielkunst betrachten, unter welchem Gesichtspunkt man will, immer wird ihr letztes Ziel sein, dem Zuschauer veredelte Natur zu geben, also nicht die gemeine Wirklichkeit zu konterfeien, sondern die Wirklichkeit in solcher Hülle zu zeigen, daß sich der Zuschauer in jedem Augenblick bewußt werde, er befinde sich auf dem Boden der Kunst, wo er stets den schönen Schein der Wirklichkeit zu empfangen habe.

Damit aber ist schon die Untrennbarkeit des idealen und realen Momentes gesetzt. Ein Schauspieler, in welchem nur einen Augenblick diese Momente getrennt existirten, wäre alles Andere eher als ein Schauspieler. Es ist geradezu ein Unsinn, bei einem dramatischen Künstler, welcher diesen Namen verdient, von einem Ueberwiegen einer idealistischen oder realistischen Richtung zu reden. Der Charakter, die darzustellende Persönlichkeit allein giebt den Schein des sogenannten Vorwiegens des Idealistischen oder Realistischen. Eine Julia oder ein Romeo fordern gerade eben so viel realistische als idealistische Kraft, selbst ein alter Capulet kann, ohne das idealistische Moment, gar nicht existiren.

Ein Schauspieler, welcher, wie man es wohl auszudrücken beliebt, die realistische Tendenz in seinem Spiel

verfolgte, wäre niemals ein Künstler von der geringsten
Bedeutung. Ein Schauspieler mit sogenannter vorwiegend
realistischer Tendenz wäre nur ein roher „haarbuschiger
Geselle", nichts mehr und nichts weniger, weil er uns
nur die rohe, nicht die verklärte Natur gebe. Und umge=
kehrt wäre ein Schauspieler, in welchem die sogenannte
idealistische Richtung vorwaltete, nichts als ein hohler
Declamater, der die Seele seiner Rolle von ihrem lebendigen
Leibe trennen will und dem Zuschauer nichts von dem Ge=
müthsausdrucke des darzustellenden wirklichen Menschen
giebt, sondern im besten Falle einige wohlklingende Phra=
sen, schöne Tonschwingungen und kokette Declamation
reicht. Ein Schauspieler, welcher der realistischen Richtung
nicht jeden Augenblick durch das idealistische Element das
Gleichgewicht hält, ist ein roher Schreier, ein plumper
Naturalist. Umgekehrt ist ein Schauspieler, in welchem
nicht das realistische Moment in jedem Augenblick dem idea=
listischen Moment das Gleichgewicht hält, ein hohler Schein=
redner! Und da macht die Rolle auch nicht den mindesten
Unterschied. Je mehr in einer Persönlichkeit scheinbar das
eine oder andere Moment vorwiegt, desto gebieterischer
fordert sie das entgegengesetzte Moment zu lebendigem
Gleichgewicht heraus. Also fort mit den sinnlosen Phra=
sen von vorwiegend idealistischer und realistischer Tendenz!

Marie Beaumarchais, Goethe's Clavigo, in deren Dar=
stellung wir die physischen Erscheinungen der Schwindsucht
vor uns sähen, welche die Bühne zum Lazarethe machte,
würde uns allerdings eine vorwiegende realistische Tendenz zur
Erscheinung bringen, aber sie würde dadurch auch zugleich auf
jede Künstlerschaft verzichten. Ein Othello, welcher uns in
den Ausbrüchen der Leidenschaft grunzende, kreischende
Töne zu hören gäbe, würde uns allerdings eine vorwiegend
realistische Richtung offenbaren, aber er macht sich dadurch
auch zum Konterfei der rohen Naturgewalt. Ein solcher
Othello wäre aber alles Andere eher, als ein Shakespeare=

scher Othello, der seine Leidenschaft, seine Wuthausbrüche, in einer so gigantischen Weise poetisch ausspricht, sondern nur eine Art Neger=Bestie, vor welcher uns nur darum graut, weil wir sie nicht gleich unschädlich machen können.

Und wie würde umgekehrt eine Shakespeare'sche Julia ohne realistische Momente aussehen? Wie ein Pensions=Fräulein, welches sein Pensum mit hübscher Declamation und allenfalls schönen Tonmitteln aufsagt, uns aber Nichts von der Gewalt der Leidenschaft, Nichts von südlichem Naturell giebt, in welchem Shakespeare's Julia lebt. Ein Zug nur von wirklicher Leidenschaft, und wir haben schon das realistische Moment und mit ihm die Anfänge einer Julia!

Aus dem Begriff der gedachten Gegensätze, des Idealismus und Realismus, folgt, was wir durch Beispiele bestätigt haben, daß die gang und gäbe gewordenen Phrasen von vorwiegend idealistischer oder realistischer Tendenz in der Schauspielkunst ein begriffsloses Geschwätz sind, daß ihre Vereinigung vielmehr in jedem Momente und von jedem Darsteller vollzogen wird, der irgend ein Recht hat, sich Künstler zu nennen. Wo sich irgendwie einmal eines dieser Momente isolirt, da hört auch augenblicklich der Künstler auf.

Wir dürfen es daher als Gesetz für die Schauspielkunst aussprechen, daß, je mehr sich ein darzustellender Charakter der realen Wirklichkeit nähert, er um so mehr die Idealität zu seiner künstlerischen Existenz fordert, wie umgekehrt: je idealer ein Charakter ausgeprägt ist, er auch um so entschiedener zu seiner Darstellung die Realität erheischt, weil ihm nur dadurch Fleisch und Blut gegeben werden kann.

Soll der Künstler, Componist, oder Dichter den Geschmack des Publikums als das höchste Gesetz anerkennen, oder nicht?

—

In der oben angedeuteten Frage liegt ein unendlich wichtiges Problem für die Kunst verborgen. Wir wollen nämlich wissen, ob der Künstler den Geschmack des Publikums als ein absolutes Gesetz für sich anerkennen, und zur Richtschnur für sein Schaffen machen solle? Wir müssen zunächst daran erinnern, daß jeder wahrhaft große Künstler durch eine innere Nothwendigkeit getrieben, also unter dem Gesetz einer Nothwendigkeit steht, welcher er sich nicht entziehen kann. Jeder große Künstler schafft also, weil er muß, also nicht anders kann. Alle großen Kunstwerke der Welt sind Früchte eines solchen inneren Nöthigungsprozesses. Der Geschmack ist dagegen etwas Relatives, was also noch keine absolute Berechtigung für sich hat. Der Geschmack ist natürlich ein Product von Factoren, durch welche er sich erklärt, ohne aber schon im mindesten dadurch künstlerisch gerechtfertigt zu sein. Wer also den Geschmack zum absoluten Gesetzgeber für seine Schöpfungen in der Kunst macht, beugt sich einer nur relativen, keiner **absoluten Macht**. Im Gesagten schon liegt, daß der Geschmack stets etwas **Zeitliches**, nur Temporäres ist, welches noch gar nicht ein höheres Gesetz in der Vernunft und Weisheit in sich schließt. Ein Künstler also, welcher den Geschmack des Publikums zu seinem absoluten Gesetz macht, würde sich einer nur **zeitlichen**, nicht ewigen Macht beugen. In Zeitaltern hoher künstlerischer Thätigkeit, wie z. B. im Zeitalter des Perikles, vertritt der Geschmack allerdings zugleich auch das echt Künstlerische, und fällt mit demselben zusammen. Aber da der Geschmack etwas nur Zeitliches ist, so liegt auch in ihm die Möglichkeit, sich ganz von der Idee der Kunst zu entfernen und in das Unwahre und ganz Unkünstlerische abzuirren. In diesem Sinne können wir ganze Zeitalter und Richtungen als völlig geschmacklos bezeichnen. Mit der Berufung auf den Geschmack darf also kein Künstler sich jemals entschuldigen, oder dadurch seine Schöpfungen vertheidigen, daß er sich darauf beruft, dem Geschmacke gehuldigt zu haben. Da die Kunst es überall mit dem Ewigen und Idealen zu thun hat, kann sich auch der einzelne Künstler niemals auf einen herrschenden Geschmack als Gesetzgeber berufen. Wer also den Geschmack als letzten Richter erkennt, läuft Gefahr sich um alle echt künstlerische Wirkung zu bringen, und dadurch aus der Reihe der wahrhaft gottbegeisterten Künstler auszuscheiden. Wäre der Geschmack ein Letztes und Entscheidendes in der Kunst, so wäre Alles in der Kunst schon dadurch gerechtfertigt, daß man sich auf den Geschmack beruft; da aber der Geschmack etwas stets nur Zeitliches ist, so kann ein Werk des Geschmackes niemals den Anspruch auf etwas Ewiges und Unbedingtes machen. Die größten Kunstwerke aller Zeiten und aller Völker sind daher absolut erhaben über den sogenannten Geschmack, sie sind ewig, weil sie **objectiv** und rein stets die Idee der Kunst abspiegeln. Allerdings steht jedes Kunstwerk und jeder Künstler in der Zeit, deren Product er ist; auch Sophokles und Shakespeare sind Söhne ihrer Zeit und ihres Volkes, aber die großen Kunstwerke der mächtigen Genien stellen stets das Ewige im Zeitlichen dar, und sind dadurch, obgleich Producte einer bestimmten Zeit, zugleich auch über dieselbe stets erhaben. Der wahrhaft große Künstler wird also **niemals** das bringen, was etwa der Geschmack des Publikums fordert oder erwartet; ja, die größten Kunstwerke werden oft am entschiedensten gegen den Geschmack der Zeit, in welcher sie geboren sind, verstoßen, und können daher erst von der Nachwelt ihre volle, und zwar wachsende Anerkennung erwarten. Ein Künstler, welcher nur dem Geschmack des Publikums huldigt, ist daher auch schon **für immer** abgefunden, während ein wahrhaft idealer Schöpfer selbst bei einer augenblicklichen Verkennung seiner Schöpfungen durch die Mitwelt getrost auf die **Nachwelt** blicken kann, welche ihn erst völlig zu würdigen wissen wird. Es ist also noch gar kein Stab über ein Kunstwerk gebrochen, wenn man sagt, es widerstrebe dem Geschmack der Zeit oder des Publikums, denn gerade die größten Kunstwerke aller Zeiten haben ihre Zeit erst abwarten müssen, ehe sie völlig gewürdigt worden sind. Hinweg also mit der Berufung auf den Geschmack des Publikums, während es allein **darauf ankommt**, das Ewige im Zeitlichen festzuhalten und zu genießen.